Museen im Nordwesten
Das Augusteum

Het Augusteum te Oldenburg.

MUSEEN IM NORDWESTEN

Das Augusteum

ISENSEE VERLAG
OLDENBURG

Museen im Nordwesten Bd. 8

Herausgeber:
Landesmuseum für Kunst und Kulturgeschichte Oldenburg
Damm 1, 26135 Oldenburg, Tel.: 0441/220-7300
Fax: 0441/220-7309

Augusteum
Elisabethstraße 1
26135 Oldenburg
Tel.: 0441/220-7325

Öffnungszeiten:
Di, Mi, Fr 9-17, Do 9-20, Sa und So 10-17 Uhr
Montag geschlossen

Umschlag: Jan van Scorel, Bildnis eines venezianischen Edelmannes,
um 1520, LMO 15.567

Bibliografische Information Der Deutschen Bibliothek

Die Deutsche Bibliothek verzeichnet diese Publikation in der
Deutschen Nationalbibliografie; detaillierte bibliografische Daten
sind im Internet über <http://dnb.ddb.de> abrufbar.

ISBN 3-89995-027-5

Inhaltsverzeichnis

Vorwort

Das Augusteum gehört als eines der ältesten Ausstellungshäuser Norddeutschlands seit den siebziger Jahren zum Landesmuseum für Kunst und Kulturgeschichte Oldenburg und präsentiert eine Auswahl der Bestände zur bildenden Kunst des 15. bis 18. Jahrhunderts. Es ist Teil einer auf drei ehemals großherzogliche Gebäude verteilte Kunstsammlung und beherbergt nun wieder, seiner ursprünglichen Zweckbestimmung folgend, die Sammlung „Alte Meister".

Gestiftet wurde das architektonisch an Florentiner Palazzo-Bauten angelehnte Gebäude 1867 vom Oldenburger Großherzog Nikolaus Friedrich Peter, dessen Regentschaft von 1853 bis 1900 eine nachhaltige Blüte für die bildende Kunst in Oldenburg bewirkte. Als der 1843 gegründete Kunstverein ein festes Domizil für Ausstellungen und eine eigene Sammlung suchte und vom Großherzog ein Grundstück in der Elisabethstraße überlassen bekam, da ermöglichte Nikolaus Friedrich Peter mit einem Zuschuss von 10.000 Talern den Neubau, an den er die Bedingung knüpfte, hier auch einen Teil der großherzoglichen Gemäldesammlung präsentieren zu können. Am 16. August 1867 wurde das Augusteum in einem Festakt der Öffentlichkeit übergeben, die damit nicht nur über ein fortlaufendes Angebot von hochwertigen Wechselausstellungen verfügte, sondern auch Einblicke in den bedeutenden Kunstfundus der Residenz nehmen konnte. Das Haus folgte fortan seinem Bestimmungszweck, „den Sinn für Kunst und Wissenschaft zu wahren, zu erhalten und auszubreiten", wie es in der Übergabeurkunde heißt.

Im Hochparterre des doppelgeschossigen Gebäudes zeigte der Kunstverein wechselnde Ausstellungen, während das Obergeschoss zur Präsentation der großherzoglichen Sammlung diente. Durch seine intensive Sammlungstätigkeit baute Nikolaus Friedrich Peter nicht nur die vorhandene Gemäldesammlung beträchtlich aus, sondern suchte Anschluss an die bildende Kunst seiner Gegenwart. So ist eine Bevorzugung historistischer Bildwerke zu verstehen, die in den achtziger und neunziger Jahren in die Sammlung Aufnahme fanden und heute den Übergang vom 19. zum 20. Jahrhundert markieren. Auch die Ausmalung des Treppenhauses durch Christian Griepenkerl folgte dem historischen Zeitgeschmack, der belehrende Bildprogramme dieser Art favorisierte.

Die großzügige Geschosshöhe ist an den Dimensionen damaliger Museumsbauten ausgerichtet und für eine mehrstöckige Hängung ausgelegt. Auch Überformate konnten und können in solchen Ausstellungsräumen geboten werden. Die Lage des Gebäudes am Schlossgarten und in unmittelbarer Nähe zum Schloss erweist sich – damals wie heute – als Standortvorteil für den Besucher, der im Augusteum – nach Jahrzehnten einer Zweckentfremdung – seit 1981 wieder hochwertige bildende Kunst sehen und nun in erweitertem Umfang hier die Sammlung „Alte Meister" erleben kann.

Von Gründung des Landesmuseums an war dieser aus der vormaligen großherzoglichen Sammlung erwachsene Gemäldebestand in Teilen des Schlosses, vor allem im Obergeschoss des ehemaligen Bibliotheksflügels untergebracht, dessen räumliche Bedingungen der Wertigkeit und den räumlichen Anforderungen einer solchen Sammlung nicht gerecht zu werden vermochte. Wiederholte Forderungen nach einer quantitativen Aufwertung der Präsenz dieses Bestandes blieben ergebnislos, bis die Hinzugewinnung des benachbarten Prinzenpalais dieser immer ein wenig als ein Provisorium empfundenen Lösung ein Ende setzen und eine neue Perspektive bieten konnte. Die Rückführung der Sammlung in das Augusteum rekonstruiert zum einen die historische Situation, zum anderen wird die Großzügigkeit der Raumfolge vor allem jenen Überformaten gerecht, die bisher in den beengten Räumlichkeiten des Bibliotheksflügels nicht zur Wirkung kamen oder gar nicht gehängt werden konnten.

Dr. Bernd Küster

Das Augusteum im 19. Jahrhundert. Auf dem Dach steht noch die Figurenbalustrade von Diedrich Kropp.

*Unbekannter Künstler:
Augusteum in Oldenburg,
Farblithografie, um 1880
LMO 19.471*

Baugeschichte und Ausstattung

*Rudolf Kölbl:
Großherzog Paul Friedrich
August, Gipsbüste, 1863
LMO 24.041*

Das 1867 fertiggestellte Augusteum ist einer der ersten Museumsbauten im norddeutschen Raum. Es war das Gemeinschaftsprojekt des Oldenburger Kunstvereins, des Oldenburger Großherzogs Nikolaus Friedrich Peter sowie zweier Denkmalvereine. Dementsprechend sollte das Augusteum eine vielschichtige Funktion übernehmen. Im Untergeschoss befanden sich die Ausstellungsräume des Kunstvereins, und auf derselben Ebene platzierte man ein Denkmal zu Ehren des 1853 verstorbenen Oldenburger Großherzogs und Namenspatrons des Gebäudes Paul Friedrich August. Schließlich widmete man dem Komponisten Carl Maria von Weber einen Musiksaal. Das Obergeschoss hingegen war der Großherzoglichen Gemäldesammlung vorbehalten.

Obwohl 1861 ein Architektenwettbewerb initiiert worden war, und es mit dem Beitrag des Braunschweigers Constantin Uhde auch einen Siegerentwurf gab, gelangte dieser nicht zur Ausführung. Stattdessen legte der seit 1856 in Bremen ansässige Baumeister Ernst Klingenberg (1830-1918) dem Oldenburger Baukomitee 1864 außer Konkurrenz einen eigenen Entwurf vor, der schließlich den Zuschlag erhielt.

Das mit gelben Klinkern auf einem Rustika-sockelgeschoss errichtete Augusteum ist mit seiner siebenachsigen Fassade im Rund-bogenstil florentinischen Renaissancepa-lästen, wie dem Palazzo Strozzi, nach-empfunden. Die Frieszone unterhalb des vorkragenden Walmdaches erinnerte schon damals viele Zeitgenossen an Mi-chelangelos Blattwerkfries am römischen Palazzo Farnese, einem Werk der Spätre-naissance. Das deutlich betonte Portal mit den vollplastischen allegorischen Figuren der Malerei und Bildhauerei, die wie der Fries von dem Bremer Bildhauer Diedrich Kropp (1824-1913) stammen, ist hingegen der Formensprache des Barock verwandt. Der realisierte Bau verkörpert mithin den zu seiner Entstehungszeit vorherrschenden Geschmack des Historismus, der sich in Er-

Das Augusteum. Erbaut 1865-1867 von Ernst Klingenberg

mangelung eines eigenen originären Stiles ganz an die Größe und Erhabenheit vergangener Bau- und Kunstepochen anlehnte und Bauwerke im Formenkanon der Neogotik, der Neorenaissance und des Neobarock hervorbrachte. Architektonische Anlehnungen an die Antike, aber auch deren Wiedergeburt in der Renaissance, erschienen den Baumeistern des Historismus in besonderem Maße geeignet, die Heimat der Künste aber auch der Wissenschaft zu repräsentieren.

Von der Fassadengestaltung eingestimmt, betritt man das Innere des Augusteums und steht im Vestibül mit seinen großen Säulen und Pilastern. Hier befindet sich die 1863 von dem Oldenburger Rudolf Kölbl geschaffene Porträtbüste des Großherzogs Paul Friedrich August. Vom Vestibül gelangt man in das bereits 1878 umgestaltete repräsentative Treppenhaus. Aus dieser Zeit stammen die von Christian Griepenkerl (1839-1916) geschaffenen Decken- und Wandgemälde, die nicht in Freskotechnik ausgeführt, sondern als riesige Leinwandbilder an Decke und Wände montiert wurden. Sie sollten die Menschen auf den Besuch der Gemäldegalerie einstimmen. Mit Hilfe der dargestellten Künstler wurde Kunstgeschichte in

personifizierter Form erlebbar. Griepenkerl folgte mit diesen Werken dem im 19.
Jahrhundert gängigen Typus, der als Bildprogramm in Museen und Kunstakade-
mien weite Verbreitung fand.

Christian Griepenkerl:
Treppenhausgemälde
im Augusteum, 1868-1878

Das Treppenhaus

Der Plan zu einer solchen Ausschmückung
des Treppenhauses stammte bereits von
dem Architekten des Augusteums Ernst

Klingenberg. An eine zeitgleiche Realisierung nach Abschluss der Bauarbeiten war jedoch angesichts der aufgebrauchten Bausumme nicht zu denken. Erst als der Großherzog bei der Eröffnung 1867 die Übernahme der Kosten zusicherte, konnte man einen begrenzten Wettbewerb ausschreiben, in dessen Verlauf vierzehn Künstler um Entwürfe gebeten wurden. Letztendlich beteiligten sich jedoch nur vier – neben Griepenkerl waren dies Arthur Fitger, Heinrich von Dörnberg und Eduard Schwoiser. Die anderen Maler, unter denen prominente Namen wie Friedrich Kaulbach und Hans Makart waren, blieben ihre Beiträge schuldig.

Erwünscht und im Programm des Wettbewerbs festgeschrieben, sollten die Entwürfe „eine Darstellung der Entwicklung der bildenden Künste, unter historischer Grundlage" liefern. Szenen aus der antiken Mythologie sowie allegorische Darstellungen schlossen die Auftraggeber aus. Griepenkerl wollte darauf jedoch nicht verzichten und integrierte die Decke in seinen Entwurf. Dieser eigenverantwortete Schritt scheint die Organisatoren des Wettbewerbs beeindruckt zu haben. Bei dem Wandgemälde hielt sich der Maler dann an die Vorgaben und stellte Künstler von der Antike bis zum 19. Jahrhundert dar, wobei er sehr viel Wert auf Ähnlichkeit legte. Stand ihm kein Abbild von der jeweiligen Person zur Verfügung, wählte er freie Porträts oder er verlieh den Künstlern die Gesichtszüge zeitgenössischer Kollegen.

Griepenkerls monumentaler Ansatz war von der Historienmalerei des Carl Rahl geprägt, in dessen Atelier der gebürtige Oldenburger mitarbeitete. Besonders an der Ausschmückung der Häuser entlang der Wiener Ringstraße, einem Musterbeispiel historistischer Städtebaukunst, wirkte die Rahl-Werkstatt mit.

Christian Griepenkerl:
Deckengemälde im Augusteum

Das Deckengemälde

Abweichend vom Bildprogramm, das durch den Wettbewerb vorgegeben war, gestaltete Griepenkerl für das Deckengemälde insgesamt neun Szenen, um mit allegorischen und mythologischen Stoffen in das Thema Kunst und Kreativität einzuführen. Im Zentrum sieht man Venus Urania, begleitet von den Genien Phantasie und Begeisterung. Griepenkerl sah die Venus als die „himmlische Schönheit und das Sinnbild des erhabenen Zieles, das alle die großen Männer, welche im Wandfriese dargestellt sind, (...) angestrebt und erreicht haben." Die vier runden Eckbilder zeigen allegorische Darstellungen der verschiedenen Kunstgattungen Architektur, Bildhauerei, Malerei und Graphik. Die dazwischen liegenden rechteckigen Kompositionen geben die Geschichte des Prometheus wieder, beginnend mit dem Bild zur Linken der Venus-Darstellung. Prometheus raubt Zeus das Feuer, um es den von ihm aus Lehm und Wasser geformten ersten Menschen zu bringen. Die weiteren Episoden sind gegen den Uhrzeigersinn angelegt: Die Bestrafung durch Zeus, bei der Prometheus an den Kaukasus gefesselt ist und ein von Zeus gesandter Adler immer wieder die nachwachsende Leber des Prometheus frisst. Das dritte Bild zeigt die Tötung des Adlers und die Befreiung des Titanensohnes durch Herakles. Die vierte Szene führt schließlich den Sieg des Prometheus vor Augen: Die Göttin Athene schenkt den Lehmfiguren das Leben. Hier veranschaulicht Griepenkerl den „göttlichen Funken" in der Kunst.

Der Antiken-Fries

Auf der Langwand über dem Portal zur großen Galerie gestaltete Griepenkerl den dreiteiligen Antiken-Fries und folgte damit der geschichtlichen Abfolge des archaischen, klassischen und hellenistischen Zeitalters im Verlauf der griechischen Antike. Das linke Bild zeigt Bildhauer und Töpfer, die die ältesten Kunsttechniken repräsentieren. Ganz links sieht man den mythischen Urvater der griechischen Kunst, *Daedalus*, mit einer Büste der Minerva. Es folgen der singende Homer sowie links unten *Dibutades*. Rechts stehen und sitzen *Dipoenos*, *Bathykles*, *Skyllis* und *Ageladas* und lassen sich von den homerischen Gesängen inspirieren – für Griepenkerl Symbol der nun aufstrebenden griechischen Kunst.

Christian Griepenkerl: Die Kunst des klassischen Zeitalters, Mittelstück des Antiken-Frieses

Christian Griepenkerl:
Die Kunst des archaischen
Zeitalters, linkes Bild
des Antiken-Frieses

Christian Griepenkerl:
Die Kunst des hellenistischen
Zeitalters, rechtes Bild
des Antiken-Frieses

Das Mittelbild verkörpert die Blütezeit im
5. Jahrhundert v. Chr., die das perikle-
ische oder auch klassische Zeitalter genannt wird. Der Staatsmann *Perikles* und
seine Frau *Aspasia* beherrschen die Mitte
der Komposition. Perikles, der Auftraggeber des Parthenon-Tempels auf der Athe-
ner Akropolis, wendet sich dem auf ihn
zuschreitenden Bildhauer *Phidias* zu, dem
Schöpfer der goldenen Zeusstatue von
Olympia, die als eines der sieben Welt-
wunder der Antike gilt. Vorgestellt wird
Phidias von *Iktinos*, dem Architekten des
Parthenon. Der ebenfalls an der Realisierung dieses Tempels beteiligte *Kallikrates*
beobachtet die Szene. In beiden verewigte
Griepenkerl seinen Lehrer Carl Rahl sowie
den Ringstraßenarchitekten Theophil von
Hansen. Das Gegengewicht zu dieser
Gruppe markieren die Bildhauer *Myron*,
Polyklet und *Skoppas* sowie der Architekt
der Propyläen *Mnesikles* auf der rechten
Seite.

Das rechte Bild der Langwand widmete
der Maler der hellenistischen Epoche im
4. Jahrhundert v. Chr., die hier als Zeitalter Alexanders des Großen ausgestaltet
ist. Ganz links stehend beobachtet er das

Anfertigen eines Porträts des Königs durch Apelles. Daneben stehen der Architekt *Hermogenes* und der Bildhauer *Lysippos*, versehen mit den Gesichtszügen von Ernst Klingenberg, dem Architekten des Augusteums, und einem Selbstbildnis Griepenkerls. Den rechten Teil füllt zum einen der Maler *Protogenes*, der einen vor ihm knieenden Schüler unterrichtet und für dessen Darstellung die Physignomie von Ernst Willers verwendet wurde. Am äußersten Rand steht der Bildhauer *Praxiteles* und enthüllt die schöne Griechin Phryne, die dem Künstler Modell für dessen knidische Aphrodite stand.

Die Künstler der südländischen Schulen

Mit Blick zum Portal der großen Galerie befindet sich zur Rechten der Fries mit zwanzig italienischen und spanischen Meistern vom ausgehenden Mittelalter bis zum Barock. Ganz links sieht man die Maler *Fra Angelico*, *Giotto* und *Masaccio*, die die Grundlagen für die Künstler der Hochrenaissance schufen. *Leonardo da Vinci* ist der Mittelpunkt der sich anschließenden Dreiergruppe mit *Andrea del Sarto*, links von ihm sitzend, und *Fra Bartolomeo* auf der anderen Seite. Dahinter stehen die Architekten *Jacopo Sansovino* und *Bramante*, der den Bauplan des Petersdoms in Händen hält. Die Mitte des Frieses wird wieder durch eine Dreiergruppe gekennzeichnet: der sitzende *Michelangelo* sowie die dahinter stehenden

Christian Griepenkerl: Fries mit Künstlern aus romanischen Schulen

Maler *Raffael* und dessen Schüler *Giulio Romano*. Es folgen mit *Correggio* und *Tizian* erneut zwei sitzende Künstler. Die hinter Tizian stehenden *Giorgione* und *Veronese* ergänzen die Trias der venezianischen Schule. Daneben sieht man *Guido Reni* und *Annibale Caracci*. Den rechten Abschluss bilden *Caravaggio* sowie die Maler des spanischen Barockzeitalters *Bartolomé Esteban Murillo* und *Diego Velázquez*.

Die Künstler der nordeuropäischen Schulen

Die gegenüberliegende Wand trägt den Fries mit zweiundzwanzig Künstlern aus Deutschland, den Niederlanden, Frankreich und Dänemark. Den Anfang machen links die Bildschnitzer des Mittelalters *Nikolaus von Verdun* und *Wilhelm von Köln*, deren Werke zur Innenausstattung des Kölner Domes zählen. Rechts daneben sitzen *Erwin von Steinbach*, der Baumeister des Straßburger Münsters und *Pierre de Montreuil*, Architekt von Saint Denis, dem Griepenkerl die Gesichtszüge des Wiener Neogotikers Friedrich von Schmidt verlieh. Die sich anschließende Dreiergruppe zeigt *Hans Holbein d. J.* und in Rückenansicht *Albrecht Dürer* sowie den Erzgießer *Peter Vischer*. Die Altniederländische Malerei ist durch *Hubert van Eyck* und *Hans Memling* vertreten. Die holländische und flämische Malerei kennzeichnen die Porträts von acht weiteren Künstlern: *Gerard Terborch*, den sitzen-

Christian Griepenkerl: Fries mit Künstlern der nordeuropäischen Schulen

17

den *Anthonis van Dyck* und seinen Lehrer *Peter Paul Rubens*, dahinter *Rembrandt*. Rechts von dieser zentralen Gruppe sitzen der Genremaler *David Teniers d. J.* und *Jan Steen*, hinterfangen vom Tiermaler *Paulus Potter* und dem Landschaftsmaler *Jacob van Ruisdael*. Die französische Barockmalerei repräsentieren der in Rückenansicht gegebene *Claude Lorrain* und *Nicolas Poussin*. Rechts schließt das Gemälde mit Künstlern des 19. Jahrhunderts ab: man sieht den Architekten *Karl Friedrich Schinkel* und den Nazarener *Peter von Cornelius* sowie den dänischen Bildhauer *Bertel Thorvaldsen*. Ganz rechts schließlich sind die Franzosen *Horace Vernet* und *Paul Delaroche* dargestellt. Delaroche hatte mit seinem Wandbild für die Pariser Ecole des Beaux-Arts, ebenfalls ein Historienbild der Kunstgeschichte, den Maler Griepenkerl stark beeinflusst.

Die Wandfriese stehen in ihrem Rückgriff auf die Kunstgeschichte vollkommen im Geist des Historismus. Die Tatsache, dass schon der Architekt des Augusteums Ernst Klingenberg eine solche Ausschmückung vorsah, unterstreicht die Symbiose von Baukunst und Innenausstattung.

Christian Griepenkerl lebte und arbeitete zur Entstehungszeit der Bilder in Wien, was der Realisierung zugute kam, denn mit Theophil von Hansen unterstützte den Maler ein sehr erfahrener Ringstraßen-Architekt, der mit der Gestaltung repräsentativer Innenräume sehr vertraut war. Auf diese Weise gelangte Oldenburg in den Vorzug eines in sich schlüssigen Stückes Repräsentationsinterieur Wiener Prägung.

Dr. Reiner Meyer

Die Galerie „Alte Meister"

Sammlungsgeschichte

Die Oldenburger Gemäldegalerie „Alte Meister" verdankt ihr Entstehen einer kontinuierlichen und mit hohem Kunstsachverstand betriebenen Ankaufspolitik der Landesfürsten. In ihrem ursprünglichen Erscheinungsbild vertritt sie noch den Typus der höfischen Galerie der Aufklärungsepoche. Der Gemäldebestand, so wie er sich heute darbietet, ist bis auf wenige Ausnahmen während des 19. Jahrhunderts von den Oldenburger Herzögen bzw. Großherzögen zusammengetragen worden, unter denen Peter Friedrich Ludwig (reg. 1785-1829) und Nikolaus Friedrich Peter (reg. 1853-1900) als wichtigste Förderer hervortraten. Wesentliche Sammlungsschwerpunkte bilden die italienische, die niederländisch-flämische und die deutsche Malerei, die um eine kleinere Gruppe teils vortrefflicher französischer Werke aus dem 17. und 18. Jahrhundert bereichert wird. In ihnen spiegelt sich ein höfischer, nacheinander von Aufklärung, Restauration und einem wachsenden Gefühl für nationale Kulturwerte bestimmter Kunstgeschmack wider, wie er für das 19. Jahrhundert in Deutschland bezeichnend war.

Georg Friedrich Adolf Schöner:
Herzog Peter Friedrich Ludwig,
1819
LMO 12.626

Gesammelt wurde nicht zuletzt nach repräsentativen Gesichtspunkten, denen in erster Linie die italienischen und flämischen Barockmeister mit ihren überwiegend großformatigen Kompositionen mythologischer und religiöser Stoffe entsprachen. Seit Mitte des Jahrhunderts mehrt sich die Zahl namentlich von Ankäufen spätmittelalterlicher Kunst, u.a. mit dem Erwerb der „Heiligen Anna Selbdritt" des Hausbuchmeisters aus der Sammlung Rühle

Johann Heinrich Wilhelm Tischbein: Selbstbildnis, um 1820 LMO 15.000/2125

(1868), in die sich solche der altniederländischen Malerei und des italienischen Quattro- und frühen Cinquecento einfügen. Sie sind gleichermaßen symptomatisch für das mit der Romantik in Deutschland gestiegene Interesse am Mittelalter und die durch den großen Kunst- und Kulturhistoriker Jacob Burckhardt im Land geweckte Begeisterung für die italienische Renaissance. Die Malerei der Niederlande blieb von ihren Anfängen bis zum Ausklang des „Goldenen Zeitalters" am beginnenden 18. Jahrhundert ein von den Oldenburger Herzögen durchgängig geschätztes Sammlungsgebiet, wobei die geographische Nähe des eigenen Herrschaftsbereiches sicherlich ihren hohen Stellenwert begünstigt hat. Dagegen gehörten Spanien und England wie in vielen anderen damals im Entstehen begriffenen Galerien zu den nicht für lohnenswert erachteten Kulturkreisen und sind deshalb in der Oldenburger Gemäldegalerie nicht repräsentiert.

Deren Grundstein hatte Peter Friedrich Ludwig vor annähernd zweihundert Jahren gelegt, als er 1804 die aus 86 Gemälden bestehende Privatkollektion des Malers und Goethe-Freundes Johann Heinrich Wilhelm Tischbein erwarb. Sie zeugt von dem breiten kunsthistorischen Sammlerinteresse ihres vormaligen Besitzers, das vom frühen 16. Jahrhundert bis zur damals zeitgenössischen Kunst reichte. Im Kern waren bereits fast alle Teilgebiete und Epochen der Malerei vertreten, die auch den heutigen Bestand der Galerie ausmachen. Zunächst für die Ausschmückung der leeren Räume des Schlosses vorgesehen und somit allein privater Anschauung zugeführt, wurde die Sammlung später Teil eines spätaufklärerischen und zugleich patriotischen Erziehungskonzeptes seitens des Herzogs. Nach zweijährigem Exil im verwandtschaftlich verbundenen St. Petersburger Hof, in das er sich 1811 während der napoleonischen Besatzung mit seinen Bildern begeben hatte, machte Peter Friedrich Ludwig sie 1817 erstmals einem breiteren Publikum zugänglich. Vor dem Hintergrund der im Zuge der Befreiungskriege von 1813/15 erlangten Unabhängigkeit hatte er damit zusätzlich ein Zeichen wiedergewonnener staatlicher Identität gesetzt. Anlässlich der Präsentation der Gemälde erschien ein erster gedruckter Galeriekatalog mit Beschreibungen ausgesuchter Werke als Fortsetzungsreihe in den „Oldenburgischen Blättern".

Erweiterung und Aufwertung erfuhr die Sammlung unter Großherzog Nikolaus Friedrich Peter (reg. 1853-1900), als dieser außer bedeutsamen Ankäufen den Bau eines öffentlichen Galeriegebäudes, des Augusteums (1867), veranlasste. Bis zur Auflösung der großherzoglichen Gemäldegalerie 1918 war ihre standesgemäße Unterbringung somit gesichert. Nach Abdankung des letzten Großherzogs Friedrich August 1919 gelangte sie außer Landes. Ihrem drohenden Verkauf durch das Herzoghaus konnte der Staat Oldenburg teilweise zuvorkommen, indem er die Kosten von zwei Dritteln der Bilder übernahm und es mit Unterstützung kunstliebender Bürger möglich wurde, einige weitere aus dem 1924 auf der Amsterdamer Kunstauktion versteigerten Restdrittel zurückzugewinnen. Immer wieder gelang es vereinzelt, durch glückliche Umstände und dank privater Geldgeber Verlorengegangenes zurückzuholen, wie im Fall der „Maria mit dem schlafenden Christuskind" von Giovanni Battista Salvi, gen. Sassoferrato, einer der frühesten Erwerbungen Peter Friedrich Ludwigs. Doch das blieben Ausnahmen. Viele andere und hochrangige Werke u.a. von Pontormo, Perugino, Veronese, Allori, Giordano, Feti, Snyders, Hals, Jacob und Salomon van Ruisdael und – um einige zu benennen – Rembrandts bekanntes „Bildnis seiner Mutter als Prophetin Hannah" oder Johannes Versproncks „Mädchen im blauen Kleid", die heute die Ausstellungssäle des Amsterdamer Rijksmuseum schmücken, hat man als bleibende Verluste zu beklagen.

Carl Rahl:
Großherzog Nikolaus
Friedrich Peter, 1861
LMO 12.625

Frühe Italiener, Altdeutsche und Altniederländer

Mit den vier Evangelisten-Tafeln aus der Werkstatt des Taddeo di Bartolo (um 1362-1422) besitzt die Sammlung ihre ältesten Beispiele abendländischer Bildkunst. Es handelt sich um sehenswerte Zeugnisse spätgotischer Tafelmalerei, aus denen deutlich die dominante Stellung der Kirche im Mittelalter als Auftraggeberin spricht. Die äußere Erscheinungsform der Werke wird maßgeblich vom Goldgrund bestimmt, der an die Stelle der antiken naturalistischen Hintergründe getreten ist. Kostbar und in seiner Wirkung feierlich zugleich, versetzt er die heiligen Figuren in eine ideale, von der Gegenwart Gottes erfüllte raumlose Sphäre. Zu diesem Eindruck tragen zusätzlich die mittels der Punzierung, d.h. die durch Stahlstempel in den Goldgrund eingetriebene Musterung, reich ornamentierten Heiligenscheine und Verzierungen in den Pässen der Spitzbogenfenster bei, wie sie in der spätgotischen Malerei Italiens häufig anzutreffen sind.

Genaugenommen ist der Begriff „Gotik", obwohl als Terminus in der kunstgeschichtlichen Literatur fest verankert, irreführend. Von italienischen Künstlern des 15. Jahrhunderts eingeführt, verband sich mit ihm die Auffassung, dass nach dem goldenen Zeitalter der Antike das barbarische Mittelalter hereingebrochen sei, als dessen Urheber der Maler, Baumeister und Kunsthistoriograph Giorgio Vasari (1511-1574) die Goten benennt – ein bekanntlich historischer Irrtum. Nach heutigem Verständnis bezeichnet der Begriff jene innerhalb der mittelalterlichen Kunst sehr viel spätere, auf die Romanik folgende Stilepoche, die in Frankreich bereits seit Mitte des 12. Jahrhunderts in der Architektur ihren Ausgang nimmt, um teilweise, so in Deutschland, über 350 Jahre fortzudauern, oder wie in Italien, bereits im dritten Jahrzehnt des 15. Jahrhunderts durch die Renaissance abgelöst zu werden.

Die vier Evangelisten-Tafeln des in Siena, Genua, Pisa und Perugia tätigen Taddeo di Bartolo gehörten vormals zu dem größeren Altarverband eines Polyptychons (Mehrflügelaltar). Als solche bildeten sie, einem in Siena und Florenz beliebten Altarschema folgend, den oberen Abschluss über je zwei Außentafeln mit Heiligenfiguren, die nach innen auf eine zentrale Szene (thronende Maria, Verkündigung u.ä.) bezogen waren. Parallel dazu wurden die vier Evangelisten in den Bekrönungsbildern auf die – fehlende – Mitteltafel mit dem segnenden Christus hin ausgerichtet, woraus sich die paarweise Gleichstellung ihrer Körperwendungen nach links und nach rechts erklärt. Mit ihren aus der Offenbarung des Johannes (4,6-8) entnommenen und ihnen wie Lesepulte vorgelagerten Symbolen – Matthäus mit Engel, Markus mit Löwe, Lukas mit Stier und Johannes mit Adler – sind sie in dem für sie typischen Handlungskanon wiedergegeben: beim Schärfen des Federkiels, beim Prüfen desselben, beim Lesen und beim Schreiben.

Im späteren Verlauf seiner Künstlertätigkeit, seit ca. 1410, unterhielt Taddeo di

Taddeo di Bartolo:
Die vier Evangelisten (Detail),
Evangelist Lukas,
um 1410/20
LMO 15.552

Der Hausbuchmeister:
Die „Hl. Anna Selbdritt",
um 1470
LMO 15.548

Bartolo einen florierenden Werkstattbe-
trieb. Gutgefüllte Auftragsbücher, aber
auch vielfältige öffentliche Verpflichtun-
gen – u.a. war er Ratgeber der Sieneser
Verwaltung in künstlerischen Angelegen-
heiten, Mitglied der Steuerbehörde und
mehrfach in Folge Beisitzer des Stadtrates –
hatten die Anstellung mehrerer Gehilfen
unerlässlich gemacht, die ihm bei der Ausführung der Altarbilder zur Hand gingen.
In diese Phase des hohen Anteils von Mit-
arbeitern aus dem Atelier fällt auch die
Entstehung der vier Oldenburger Tafeln.
Anders als in Italien hatte die Renaissance
als Kulturepoche nördlich der Alpen im
Verlauf des 15. Jahrhunderts noch nicht

Fuß gefasst. Doch gab es auch in der deutschen Tafelmalerei bereits Anzeichen für Neuerungen. In der um 1470 entstandenen „Anna Selbdritt" des nur unter seinem Notnamen bekannten mittelrheinischen Hausbuchmeisters kündigt sich durch den Blick auf einen polygonalen Kirchenchor eine Hinwendung zu einer real empfundenen Hintergrundgestaltung an. Gleichwohl spricht der Goldgrund in der farbigen Fassung der Heiligenscheine, des punzierten Brokatbaldachins, des Strahlenfeldes mit der Taube des Heiligen Geistes und des Throns noch entschieden mit, auf dem Anna und ihre Tochter Maria mit dem Kind im Arm als zentral dem Bild einbezogene Gruppe einander zugewandt sitzen. Die Hervorhebung Christi durch die sich niedersenkende Taube deutet auf seine Rolle, die ihm als Erlöser der Menschheit vorherbestimmt ist. Geistreich und vielfältig sind in dieser Hinsicht die sinnbildhaften Anspielungen, etwa in dem Apfel des Sündenfalls, den er aus der Hand Annas empfängt, sowie den Statuetten auf den vier Eckfialen des Throns. Identifizieren lassen sich anhand der Harfe und der Gesetzestafeln König David und Moses, denen eine präfigurative Rolle als Verkünder Christi und seines Heilswerkes zugesprochen wird. Als mächtige Vertreter des Alten Bundes, den Gott mit den Menschen (über fünf Bundesschlüsse mit Adam, Noah, Abraham, Jakob und Moses) geschlossen hat, weisen sie auf dessen Sohn, der mit seinem am Kreuz vergossenen Blut den Neuen Bund besiegelt. Das Nebeneinander von Neuem und Altem Bund, dem Zeitalter „sub gratia" („unter der Gnade Gottes") und dem ihm vorausgehenden Zeitalter „sub lege" („unter dem Gesetz Gottes") findet zudem seine bildhafte Entsprechung in der auffälligen Gegenüberstellung von Bau- und Zierelementen der Romanik (alte Ordnung) im hinteren Kirchenraum und der auf sie folgenden Gotik (neue Ordnung) am Thron. Einmal mehr verdeutlicht sich daran die ganze Komplexität eines Bildprogramms, mit dem in der sakralen Bildkunst des Mittelalters stets zu rechnen ist.

Weiterhin wird die altdeutsche Malerei durch Werke von Lucas Cranach d.Ä. (1472-1553) repräsentiert, durch eine eigenhändige, nur als Fragment erhaltene „Predigt Johannes des Täufers" aus den Jahren 1510 bis 1515 und durch spätere Arbeiten seiner Werkstatt – Bildnisse aus der Reformationszeit, von Melanchthon und Erasmus von Rotterdam, sowie eine „Bekehrung des Paulus" des nach seiner Lehre bei Cranach um 1540 in Hamburg tätigen Frans Timmermann. Cranach, der sich nach seinen Wanderjahren in Süddeutschland 1505 als Hofmaler des sächsischen Kurfürsten Friedrich d. Weisen in Wittenberg niedergelassen hatte, war Anhänger der Reformation und Freund Luthers, was ihn aber nicht davon abhielt, auch weiterhin seine Kunst in den Dienst katholischer Auftraggeber zu stellen. Mit Albrecht Dürer gilt er als Wegbereiter der Renaissancemalerei in Deutschland. Von diesem unterschied ihn jedoch die nie restlos vollzogene Loslösung vom spätgotischen Formvokabular, das in den lieblichen Physiognomien und in den gelängten Figurenbildungen verbindliches Stilelement seiner Malerei blieb. Weniger davon betroffen sind Cranachs Bildnisse, in denen sich, bedingt durch eine zunehmende Werkstattbeteiligung, eine Tendenz zur Rationalisierung bemerkbar macht. Das Oldenburger Gelehrten- und Humanistenporträt des „Erasmus von Rotterdam" bildet da keine Ausnahme, gehört es trotz der Signatur doch zu einer von mehreren Wiederholungen unter Mithilfe des Ateliers. Cranachs Zeichen, die geflügelte Schlange, mit der er seit Erhalt des Wappenbriefes durch den sächsischen Kurfürsten 1508 fortan zusammen mit dem „L" seines Vornamens signierte (vorher mit den Initialen „L C"), fand durch die intensive Werkstattproduktion fast schon inflationäre Verwendung. Das Oldenburger Bildnis entstand

Lucas Cranach d.Ä.
(Werkstatt):
Erasmus von Rotterdam, 1549
LMO 15.574

1549 und damit 13 Jahre nach dem Tod des Dargestellten. Eine Vorlage, die den großen Kirchenreformer und Humanisten noch zu Lebzeiten im Konterfei festhielt, lieferte ihm das Erasmus-Bildnis von Hans Holbeins d.J. aus dem Jahr 1523 in Longford Castle. Ohne die dortigen Hinweise auf ein Studierzimmer und dessen Interieurausstattung ordnete Cranach die Gestalt des Gelehrten spiegelbildlich vor einen neutralen, zeitlosen Grund.

Aelbert Bouts:
Johannesschüssel
LMO 15.561

Frühestes Zeugnis aus der Sammlung im Bereich der altniederländischen Malerei ist ein recht ungewöhnliches Objekt, eine sog. Johannesschüssel. Ihr Urheber, Aelbert Bouts (1452/60-1559), gilt als kongenialer Übersetzer der Kunst seines Vaters Dieric, wie auch in diesem Stück, das vermutlich nach einem verlorenen Original desselben entstanden ist und von dem 11 weitere Wiederholungen existieren. Das Rundbild mit dem abgeschlagenen Haupt Johannes des Täufers suggeriert durch den Illusionismus von gemaltem Rand und Schattenwurf Materialwert, so dass der Eindruck entsteht, der Kopf läge tatsächlich auf der Schüssel. Deutlich ist die scharfe Schnittfläche am Hals sichtbar, die in einem auffälligen Gegensatz zu den weich modellierten Gesichtszügen steht. Die Augen sind geschlossen, die leicht ge-

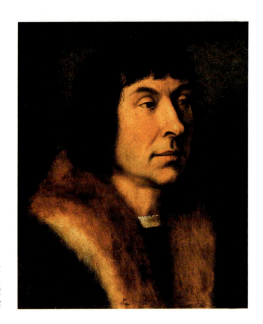

öffneten Lippen blutleer und bläulich ge-
färbt. So liegen Verismus und Idealität in
dem Bild dicht beieinander, wie auch in
der Wiedergabe der Schüssel, die, in ihrer
Materialität klar erfasst, mittels des Gold-
tones zugleich einer immateriellen Sphäre
zugeführt wird, um dem Haupt sakrale Bedeutung beizulegen. „Johannesschüsseln",
zwischen dem 13. und 17. Jahrhundert in
der malerischen und plastischen Darstellung gleichermaßen verbreitet, spielten
eine Rolle in der Volksfrömmigkeit, wo
man von ihnen eine heilsame Wirkung gegen Halskrankheiten (Johannes war Pa-
tron gegen Halskrankheiten) erhoffte.
Glanzpunkte in der altniederländischen
Porträtkunst setzen Quentin Massys´
(1465/66-1530) „Doppelbildnis des Antwerpener Humanisten Petrus Aegidius
und seiner Frau Cornelia", Jacob Cornelisz. van Oostsanens (1470-1533) „Porträt
des Grafen Edzard I. von Ostfriesland"
sowie das ausdrucksvolle „Bildnis eines
Edelmannes" von Jan van Scorel (1495-
1562), allesamt Werke aus der Zeit kurz
vor oder nach 1520. Massys, im 16. Jahrhundert sicher der bedeutendste und ein-
flussreichste Meister der Antwerpener Malerschule, war Zeitgenosse von Cranach,

Quentin Massys:
Bildnis der Cornelia Sanders,
um 1514
LMO 15.566

Dürer und Luther. Zu Erasmus von Rotterdam unterhielt er persönliche Kontakte. Seine herausgehobene künstlerische Stellung verdankte Massys zu einem großen Teil seinen späteren, vom Einfluss der italienischen Renaissancemalerei geprägten Bildnissen. Die feine Kultiviertheit der Humanistenkreise, in denen er sich bewegte und zu denen auch der Dargestellte gehörte, bestimmt die äußere Form seiner Porträts, die dem neuen Lebensgefühl dieser Epoche stärker noch als in seinen religiösen Schöpfungen Geltung verschaffen. Geistige Versammlung und tiefe Empfindsamkeit sprechen gleichermaßen aus den Gesichtern von Petrus Aegidius und seiner ersten Frau Cornelia (geb. Sanders), deren aufeinanderbezogene Bildnisse als gleichgroße Gegenstücke gearbeitet sind. War es dort das private Anliegen, das zu ihrem Entstehen beitrug, so verbindet sich mit dem Bildnis des „Grafen Edzard I. von Ostfriesland" von Jacob Cornelisz. van Oostsanen (van Amsterdam) durch seine Funktion als Herrscherporträt eine völlig andere Auffassung. Von dem Gemälde, das sehr wahrscheinlich 1517 in den Niederlanden geschaffen wurde, als Edzard I. Zwischenstation machte auf seiner Reise

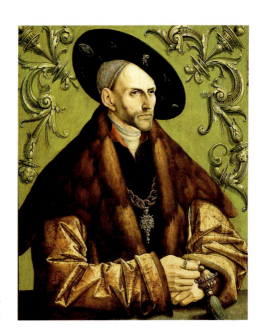

nach Spanien an den Hof König Karls I. (späterer Kaiser Karl V.) – diese war er angetreten, um sich von der Reichsacht zu lösen – existieren über 30 Fassungen. Einige davon – wie das Oldenburger – sind Originale, die meisten Werkstattrepliken oder Kopien (u.a. Jever, Stadtmuseum; Emden, Johannes a Lasco-Bibliothek). Gestik und Mimik haben sich gegenüber den beiden Privatbildnissen bei Massys zugunsten einer auf Ernst und Entschlossenheit gerichteten inneren Ausdruckshaltung verschoben, die durch repräsentative Würdeformeln untermauert wird. Als Zeichen des Adelsstandes trägt Edzard einen mit Fuchspelzkragen besetzten Mantel aus Goldbrokat. Weitere Anhaltspunkte in dieser Hinsicht liefern die schwere Goldkette und der sog. Bisamapfel in seiner rechten Hand, ein unter dem Gewand getragenes, mit Moschussubstanz gefülltes Schmuckstück, das Wohlgeruch verbreitete, dem man aber auch eine apotropäische (unheilabwehrende) Wirkung zusprach. Durch das Zusammenspiel von neutralem Hintergrund, der jeden Hinweis auf eine reale Raumsituation ausblendet, und einem den Körperumriss paraphrasierenden Rankenwerk (Arabeske) erhebt der

Künstler die Person des Porträtierten in eine unwirkliche, ideale Sphäre, die den Anspruch nach offiziellem Charakter eines Herrscherbildnisses unterstreicht.

Mehr noch als Massys und Van Oostsanen hat Jan van Scorel in seinen Werken die Nähe zur italienischen Renaissancemalerei gesucht. Der direkte mehrjährige Kontakt zu diesem Kunst- und Kulturkreis – früh hatte er eine Reise, zuerst nach Venedig (1520), später nach Rom (1522/23), angetreten – und die konsequente Adaption vorgefundener Stilelemente machen ihn neben Jan Gossaert, gen. Mabuse, zu einem der Hauptvertreter des sog. niederländischen Romanismus. Bereits in dem venezianisch anmutenden „Bildnis eines Edelmannes", entfaltet sich Van Scorels ganze, namentlich in der Lagunenstadt und bei Raffael gesammelte Italienerfahrung. Stilistisch faßbar wird sie in der raffinierten Kontrastierung der sich vor hellem Himmel behauptenden dunklen Kopf- und Körperumrisse, die für ein Höchstmaß an Plastizität sorgt. Neu ist, dass er diese – und hier geht Van Scorel noch einen

Jan van Scorel:
Bildnis eines venezianischen
Edelmannes, um 1520
LMO 15.567

Schritt weiter als seine italienischen Berufskollegen – vor allem durch den tiefen Blickpunkt geradezu zu monumentaler Wirkung führt. Seinem Modell eignet dadurch eine einzigartige physische Präsenz, die das Imposante seiner Erscheinung zu steigern vermag und im Zusammenspiel mit der von der Kopfwendung abweichenden, auf den Betrachter bezogenen Blickrichtung geistige Überlegenheit verrät. Mit der gewählten Unteransicht entfallen die sonst übliche

Barend van Orley:
Maria mit dem Kind,
um 1515
LMO 15.562

Angabe der Landschaft und die Horizontlinie; es entsteht eine gänzlich motivfreie Lichtzone, die einerseits die Komposition sanft durchleuchtet, andererseits zu einer ausdrucksstarken Physiognomieschilderung beiträgt. Bei aller Italienverbundenheit bleiben die Bildnisse Van Scorels mit ihren fleischigen Gesichtern und dem schweren Kinn letztlich niederländische Porträtschöpfungen.

Wie dieser Meister, so gehören auch die mit zwei kleineren Marien-Andachtsbildern vertretenen Barend van Orley (1491/92-1542) und Joos van Cleve (um 1485-1540) zur Gruppe der Romanisten. Während sich der Italieneinfluss bei ersterem hauptsächlich in der Ornamentik einer phantasievoll gestalteten Hallenraumarchitektur erschöpft, spricht der neue Geist bei Van Cleve auch aus den leonardesken Figuren seiner „Madonna mit Kirschen". Van Orley bezog sich in seiner Darstellung auf ein verschollenes, aber in mehreren Repliken überliefertes Jugendwerk des Meisters von Flémale aus dem Jahr 1428. Gegenüber dem Vorbild hat er die Szene von einer einfachen Apsis in einen zentralperspektivisch durchkonstruierten tonnengewölbten Raum mit einer Thronbank verlegt, den er durch die Sündenfallgruppe im Lünettenfeld oberhalb Marias aufwertete. Inhaltlich gab er damit dem Gedanken ihrer seit dem frühen Mittelalter in bildlichen Formulierungen bekannten Gleichsetzung als „neue Eva" mit der Stammmutter vor dem Sündenfall Ausdruck. Aufgrund ihrer Makellosigkeit, so die Vorstellung, ist Maria befähigt, das durch Evas Schuld nach der Vertreibung verlorene Paradies der Menschheit zurückzugewinnen. Auf Sünde und deren Überwindung bzw. die Erlösung von ihr spielen auch der Apfel im Vordergrund des Gemäldes von Joos van Cleve an sowie die Kirschen in den Händen des Jesuskindes, die durch ihre rote Färbung auf den späteren Kreuzestod verweisen. Wie dieses, so ist auch sein „Hl. Hieronymus als Büßer" als ein Werk des Ateliers einzustufen. Mit seiner im Stil des Joachim Patinir ausgestatteten Weltlandschaft aus frei kombinierten Landschaftselementen der Welt (Meer, Flüsse, Berge, Wald, Häuser, Felder usw.) steht es dagegen noch tief in altniederländischer Tradition. Eingebettet in dieses Stück idealer Natur, das sich dem Betrachter als Überschaulandschaft darbietet, gewahrt man im Mittelgrund eine Szene aus dem Bericht der Legenda aurea mit dem Löwen des hl. Hieronymus. Mit

gewaltigen Sätzen springt er heran und attackiert eine Karawane, um den Esel des Heiligen zu befreien, der zuvor von ihr geraubt wurde. Kaum wahrnehmbar erscheint links, als Handlung zeitlich davon losgelöst, Maria Magdalena der auferstandene Christus, der ihr gemahnt: „Rühre mich nicht an, denn ich bin noch nicht aufgefahren zu meinem Vater" (Joh. 20,17). Der Grund für die Einbeziehung dieses in der Kunstgeschichte als „Noli Me Tangere" bezeichneten Heilsereignisses liegt in der Parallelität des selbstgewählten Büßerlebens, das Hieronymus wie auch Maria Magdalena in weltlicher Abgeschiedenheit geführt haben.

Die italienische Kunst jener Zeit verbindet sich in der Sammlung mit dem großartigen, 1529 datierten Werk des Benvenuto Tisi, gen. Garofalo (1481-1559), in dessen Bildnis der „Hl. Katharina von Alexandrien", dieser mächtigen Glaubenszeugin des Christentums, sich das klassische Formideal der Hochrenaissance widerspiegelt. Alles darin ist erfüllt von einer Harmonie der Bildteile, unter der Säulenpaar, Sockelblock, Dornenrad, und Landschaftsausblick

als Motivkomplexe einzelnen Flächenzo-
nen zugewiesen sind, zwischen denen
die Heilige durch ihre aufrechte Gestalt
und den zur Seite geöffneten Armen ver-
mittelt. Übergeordnet ist mit dieser Unter-
teilung auch ein symbolischer Bedeu-
tungsgehalt verknüpft. Beide Motivkomplexe zur Rechten verweisen auf die
irdische Welt und Katharinas Schicksal,
dem die beredte Geste ihrer Rechten auf
Palmenzweig, Krone und Rad, d.h. auf
die Sinnbilder ihres Martyriums und sieg-
reichen Glaubens, Nachdruck verleiht.
Ihnen sind in bedeutungshafter Entsprechung die Doppelsäule als Hinweis auf
das Himmelstor und das Postament als
Zeichen von Dauerhaftigkeit, das mit dem
von Menschenhand gearbeiteten zerstör-
ten Folterrad kontrastiert, zur Bezeichnung
des Gottesreiches gegenübergestellt, in
das Katharina eingegangen ist. Zwischen
beiden Welten, zwischen Endlichkeit und
Ewigkeit, steht die Heilige, um zu erläu-
tern, wohin sie der Lohn für ihre Glau-
bensstärke führte.

Bartholomäus Spranger:
Amor und Psyche, um 1600
LMO 15.579

Manieristen und andere Meister der Übergangszeit

Die kunstvolle, antiklassische Haltung des Manierismus in ihrer niederländischen Spielart verkörpern Arbeiten von Bartholomäus Spranger (1546-1611) und Gerrit Pietersz. Sweelink (1566-vermutlich 1628). Hatte die Renaissance eine ideale Wiedergabe der Natur mit einer harmonischen Ordnung aller Bildteile angestrebt, so ging es dem Manierismus um eine

Übersteigerung der Wirklichkeit durch bewusste Dissonanzen als Ausdruck seelischer Spannungen. Diese spiegeln sich formal in einem gebrochenen Kolorit wider, einem jähen Wechsel von Hell und Dunkel, einer unruhigen, disparaten Licht-

Gerrit Pietersz. Sweelinck:
Die Sintflut, 1592
LMO 15.578

führung, Räumen von unklarer Tiefenausdehnung und überlängten, verschraubt bewegten Figuren ("figura serpentinata"), die ihr festes Verhältnis zum Boden verloren haben. Nicht selten entbehrte der Inhalt einer Notwendigkeit, und es zählte allein das ästhetisch überhöhte Interesse an komplizierten Farben- und Formenspielen. Während der Manierismus in Italien seit dem zweiten Viertel des 16. Jahrhunderts insbesondere von der florentinischen Malerei der Spätrenaissance seinen Ausgang nahm, wurde er für die niederländische Malerei erst gegen Ende des Jahrhunderts entdeckt.

Bezeichnendes Beispiel dafür ist die um 1600 entstandene Nachtszene mit „Amor und Psyche" des in Antwerpen geborenen Bartholomäus Spranger, der nacheinander Hofmaler Kaiser Maximilians in Wien und Kaiser Rudolfs II. in Prag wurde, wo sich nördlich der Alpen ein spätes Kunstzentrum des Manierismus gebildet hatte.

Diesem entstammt auch das auf einer Messingtafel entworfene Bild, in der ein künstliches Licht die Körper der beiden Protagonisten perlmuttfarben aus dem sie umgebenden Dunkel aufschimmern lässt. Die durch Psyches Neugier ein jähes Ende nehmende Liebe zu Amor findet in den als Grisaille (Grau in Grau-Malerei) abgesetzten figurenreichen Rahmenarchitekturen sinnbildhafte Entsprechungen. Wer – wie Psyche – einmal die Liebe missachtet, so die Aussage, der wird Amors Herrschaft mit ihren negativen, qualvollen Auswirkungen zu spüren bekommen. Darauf verweisen u.a. ein Relief mit „Herkules und Omphale", das auf die sittliche Verfehlung des griechischen Sagen- und Tugendhelden anspielt, und die Gruppe der gefesselt auf dem Boden kauernden beiden Olympier Jupiter und Neptun. Zum Zeichen des Verlustes ihrer Macht haben ihnen Amoretten, die kleinen Helfer des Liebesgottes, Zepter und Dreizack entwunden.

Lucas van Valckenborch:
Ansicht der Stadt Linz
a.d. Donau, um 1590
LMO 8.118

Als Landschafter der Übergangszeit tritt Lucas van Valkenborch (um 1535-1597) mit einer „Ansicht der Stadt Linz a. d. Donau" hervor. Dorthin war er 1582 für elf Jahre dem Erzherzog Matthias von Österreich als Hofmaler gefolgt, und in diese Zeit fällt wohl auch die Entstehung des Bil-

Joos de Momper:
Gebirgslandschaft mit Flusstal
LMO 7.661

des. Valkenborch hat sich darin selbst ein-
gebracht, am steilen Ufer gegenüber der
Stadt hockend, mit einem Skizzenbuch
auf den Knien beim Zeichnen. Als ihm ein
bewaffneter Hüter der hiesigen Ordnungs-
macht die Hand auf die Schulter legt, un-
terbricht er seine Arbeit und wendet sich
zum Betrachter. Was Naturrezeption im
16. Jahrhundert bedeutete, wird im Bild
durch den Künstler selbst zum Programm.
In seinem Skizzenbuch notiert er Aus-
schnitte „real gesehener Natur", um sie
letztlich zu einer „Fantasielandschaft" zu-
sammenzufügen, die, wie hier, mit topo-
graphisch getreuen Reminiszenzen der
Stadtansicht von Linz angereichert ist.
Zu den Meistern der Übergangszeit zählt
auch der Landschaftsmaler Joos de Momper (1564-1635), der, obwohl sein künst-
lerisches Wirken bis weit ins 17. Jahrhundert reicht, in seinen Kompositionen noch
nachdrücklich einem Idealbild der Natur
verpflichtet ist. Als reines Konstrukt der
Fantasie steht seine frühe, ausnehmend
großformatige „Gebirgslandschaft mit
Flusstal" in der Übersteigerung bzw. Miss-
achtung eines Naturvorbildes, in der ku-
lissenartigen Zusammenfügung der Bildteile und in der gesuchten Lichtführung,
die von zwei unabhängigen Lichtquellen
zur Rhythmisierung der Landschaft aus-
geht, fest in der Tradition des Manierismus.
Einen anderen Weg beschritten *Peter
Candid* (de Witte) und *Dionisio Calvaert*
mit ihren beiden themenverwandten Kupfertafeln, einer „Vermählung der hl. Katharina" und einer „Hl. Familie mit der hl.

Peter Candid
(eig. Pieter de Witte):
Vermählung der hl. Katharina,
um 1600
LMO 9.380C

Dionisio Calvaert:
Hl. Familie mit der hl. Katha-
rina und dem kleinen
Johannes, um 1600
LMO 15.582

Francesco Salviati:
Bildnis eines Knaben (Garcia
Medici?), kurz nach 1541
LMO 15.583

Katharina und dem Johannesknaben".
Während Candids (um 1548-1628) italie-
nisch-flämische Malerei den Einfluss Mi-
chelangelos erkennen lässt, verweisen
Calvaerts (1540-1619) liebliche Figuren
und die emaillehafte Glätte seines Farb-
auftrags deutlich auf die Kunst Correggios.
Nachhaltig von der Kunstlandschaft Venedigs angeregt, tritt uns das Francesco Salviati (1510-1563) zugeschriebene „Bildnis eines Knaben" entgegen, das vor allem
wegen seines venezianischen Kolorismus,
u.a. dem tiefen Bordeauxrot des Grundes,
nach 1541 anzusetzen ist, als der seit ca.
1530 in Rom beschäftigte Künstler aus der
Lagunenstadt zurückkehrte. Beim Anblick
des vornehm gekleideten Knaben wird
der Betrachter im Ungewissen darüber gelassen, ob der Dargestellte steht oder sitzt.
Unbestimmt bleibt schließlich auch das
Verhältnis der Figur zum Raum, der an
den Rändern ohne erkennbaren Grund ei-
gentümlich aufleuchtet. Scheint rechts die
beidseitig einfassende Bordüre – einerseits Rahmung, andererseits wegen der
fehlenden oberen und unteren Begren-
zung als solche funktionslos – vor dem

Knaben zu liegen, so tritt sie links hinter ihn zurück, bedingt durch die sie überschneidende Nelke (Treuesymbol) in seiner Hand. Fern und nah, vorn und hinten, dieses rational nicht mehr nachvollziehbare Spiel der Verhältnisse und Distanzen ist ein weiteres typisches Merkmal für den Manierismus, der stets die Irritation sucht. Sie beherrscht auch eine Darstellung mit dem Titel „Der reiche Mann und der arme Lazarus", deren Herkunft aus dem Kunstkreis Venedigs offensichtlich ist. Wenngleich nicht von Paolo Veronese (1528-1588) selbst, dem Hauptmeister der venezianischen Cinquecento-Malerei neben Tintoretto, so stammt das Bild wegen der charakteristischen hohen Arkadendurchblicke doch zumindest aus der Hand eines

seiner Schüler. Im ersten Moment wähnt man sich als ferner Beobachter unbeschwerter Tafelfreuden einer vornehmen Festgesellschaft. Gleichwohl liegt eine unauflösliche Spannung über der Szene, denn unweigerlich gemahnt die auf dem Boden kauernde Gestalt des Lazarus an die gleichnishafte Erzählung im Lukasevangelium (Kap. 16, 19ff.). Die Dunkel-

Paolo Veronese (Werkstatt): Der reiche Mann und der arme Lazarus, um 1570/80 LMO15.584

heit, die sie umfängt, wird zum inhalt-
lichen Synonym für ein Leben auf der
Schattenseite, jenseits allen Genusses. Die
wie eine Barriere zwischen Lazarus und
dem reichen Hausherrn und seinen Gästen
empfundene Palastfront, die in hellem
Licht erstrahlt, lässt diesen Abstand um so
größer erscheinen. Distanz und Schatten
werden zu Metaphern des biblischen
Gleichnisses, wonach demjenigen, der
von den Wohltaten des Lebens ausge-
schlossen bleibt, im Jenseits Befreiung aus
der Dunkelheit widerfährt, der Reiche
aber am Tag des jüngsten Gerichts die
Qualen des Schattenreiches erleidet. Die
vormalige räumliche Distanz ist, in ihrer
Bedeutung gewandelt, nun zu einer ewi-
gen und endlosen geworden.

Italienische Barockmalerei

Der Sammlungskomplex italienischer Barockmalerei gehört zu den umfangreich-
sten der Oldenburger Gemäldegalerie.
Werke von Guido Reni, Giacomo Se-
menti, Bartolomeo Schedoni, Pierto della
Vecchia, Francesco Rosa, Alessandro Varotari (gen. Padovanino), Guiseppe de Ribera, Mattia Preti, Pietro da Cortona, Giovanni Batista Salvi (gen. Sassoferrato),
Simone Cantarini, Antonio Zanchi, Guiseppe Maria Crespi, Paolo de Matteis,
Giambattista Piazetta und Francesco Al-
bani vergegenwärtigen die Vielfalt der
Gestaltungs- und Ausdrucksformen, zu
der diese Epoche seit ca. 1600 mehr als
eineinhalb Jahrhunderte südlich der Alpen imstande war. Im Gegensatz zum
Manierismus geht es dem Barock nicht um
Übersteigerung, sondern um Überhöhung
der Wirklichkeit, die sich in Darstellungen
von ekstatischer Frömmigkeit und weltlicher Daseinsfreude äußert. Obwohl durch
heftige Bewegung charakterisiert, folgt

die Barockkomposition eigenen Gesetz-
mäßigkeiten von Harmonie und Dynamik,
die im Bild als ein Beziehungsgeflecht aus
Kreisform, Dreieck und Diagonale angelegt sind.

Innerhalb der Sammlung italienischer Barockmeister überwiegen die religiösen
Themen. Neben Werken von stiller, tief-
empfundener Frömmigkeit stehen kraftvoll
bewegte Kompositionen von repräsentativer Prachtentfaltung. Zu Mattia Pretis
(1613-1699) großformatiger, auf eine dramatische Appellwirkung angelegter „Bü-
ßenden Magdalena" etwa bezeichnet
das gleichlautende kleine Andachtsbild
von Bartolomeo Schedoni (1576-1615)
eine extrem gegensätzliche Auffassung.
In der Ausschnittbegrenzung auf das Gesicht und die verschränkten Hände be-
greift Magdalena den Inhalt ihres Lebens
bei Schedoni einzig als ein Sinnen und Be-
ten. Wie in einem inneren Zwiegespräch
sind Kopf und der Totenschädel durch
Neigung und Profilstellung aufeinander bezogen. Dazwischen hebt sich vor dunklem
Grund das helle Salbgefäß ab, das den

schicksalhaften Wandel in ihrem Leben von der Sünderin zur glühenden Anhängerin Christi bezeichnet, als sie mit Tränen seine Füße gewaschen, sie mit den Haaren getrocknet und sie gesalbt hatte.

Durch den weitergefassten Bildausschnitt bei Preti, der den Ort von Magdalenas Weltabgewandtheit als Felsgrotte ausweist, treten diese Gegenstände gegenüber ihrer Gestalt in den Hintergrund. Die ostentativ vorgezeigte Dornenkrone in ihrer Linken wird nun zum Meditationsobjekt, über das sie ihren Schmerz – anders als bei Schedoni – ungehemmt nach außen trägt. Obwohl in sich ruhend, ist die Figur von tiefer emotionaler Erregung erfasst. Bildnerisch wird dem mittels einer konzentriert auf ihren Körper gerichteten Lichtführung entsprochen, die nach Art Caravaggios dramatische Licht- und Schattenkontraste ausbildet, aber auch durch das stark bewegte, von Glanzlichtern übersäte Haar, durch die Unteransicht, die Magdalena zu monumentaler Größe erhebt, und durch das tränenbenetzte Gesicht mit dem zur Klage geöffneten Mund. Die farbliche Reduktion auf vorwiegend Grau- und Brauntöne trägt zur Intensivierung des Leidensausdrucks bei. In seiner caravaggesken Auffassung hinterlässt das Gemälde Spuren des frühen Malstils von Guercino (eigtl. Giovanni Francesco Barbieri), einem Meister, der großen Einfluss auf Preti ausgeübt hat.

Einem anderen Künstlernaturell begegnet man in dem etwa gleichaltrigen Giovanni Battista Salvi, gen. Il Sassoferrato (1609-1685). Seine „Maria mit dem schlafenden Jesuskind", von der mehrere Wiederholungen bekannt sind (u.a. Avignon, Cambridge, Indianapolis, Kassel), offenbart eine stilistische Verwandtschaft zu den klassischen Hochrenaissance-Bildern des frühen Raffael. Eine wahrhaft friedvolle und intime Stimmung geht von der nur knapp dem Bildfeld einbeschriebenen Figurengruppe aus. Durch gegenseitiges Berühren und Anschmiegen sind Maria

Giovanni Battista Salvi,
(gen. Il Sassoferrato):
Maria mit dem schlafenden
Jesuskind
LMO 14.996

und ihr Sohn innig vereint. Diesen Eindruck verstärkt das von einem Stich Guido Renis abgeleitete Motiv des „schlafenden Jesuskindes", das Christus als im wahrsten Sinne „Mensch gewordenen Sohn" Gottes zeigt, hinter dem ein neues, vom Humanismus geprägtes „menschliches" Gottesbild steht.

Eine Beschäftigung mit der venezianischen Malerei des 16. Jahrhunderts verrät die Darstellung von „Mars und Venus beim Schachspiel" des hauptsächlich in der Lagunenstadt tätigen Alessandro Varotari, gen. Il Padovanino (1588-1648). Im Vergleich zu den beiden berühmten Venezianern Tizian und Tintoretto jedoch breitet Varotari in seinem Bild eine buntere und kontrastreichere Farbpalette aus. Noch manieristisch verschachtelt wirkt das Mit- und Gegeneinander sowie Überkreuz der Bewegungen und Körperglieder beider Hauptfiguren. Doch sind die unruhige Spannung und der dramaturgische Ernst gewichen, so dass sich das Bild unbeschwert, fast heiter gibt, nicht zuletzt durch die Aktion der Liebesgöttin, die dem verblüfft auf das Schachbrett blickenden Mars gilt. Durch kluges Spiel hat sie

ihn matt gesetzt (wenngleich sich eine solche Spielsituation aus der Figurenstellung nicht ergibt), was sinnfällig in der rechten Hand zum Ausdruck kommt, mit der sie seine Königsfigur umstößt. Die linke greift in einer bogenförmigen Bewegung zu seinem Helm. Beide Handlungen zielen auf die Überwindung des von Mars verkörperten Prinzips des Krieges durch die Liebe und erheben das Gemälde zu einem Sinnbild des Friedens, als das schon der römische Dichter Horaz (De Rerum Natura, I, 29-40) die Verbindung von Mars und Venus angesehen hatte. Amor wohnt dem Spiel etwas teilnahmslos bei. Von der Gruppe abgeschieden, leert ein Silen den Inhalt einer Korbflasche zum Zeichen irdischen Genusses, den auch das Äffchen im Vordergrund, eigentlich eine Meerkatze, verkörpert. Mit Hilfe eines Pantoffels versenkt es einen Liebespfeil in der Luntenöffnung einer Kanone, um sie unbrauchbar zu machen. Obgleich aus der antiken Mythologie abgeleitet, vergegenwärtigt die Szene doch keines der bekannten klassischen Bildthemen. Eben das macht den Unterschied aus zwischen einer Historiendarstellung und einer Allegorie, die eine Vorstellung in freier und bisweilen, wie hier, fast schon karikierender Weise verbildlicht.

Ein direkter Zeitgenosse von Varotari war Jusepe de Ribera (1591-1652). Im spanischen Játiva bei Valencia geboren und dort von Francisco Ribalta ausgebildet, gehört Ribera seit seiner Niederlassung in Neapel und den ihr vorausgehenden Studienreisen durch Oberitalien und nach Rom der italienischen Kunstgeschichte an. Anders als Varotari verdankte er nicht dem venezianischen Manierismus, sondern der römisch-neapolitanischen Chiaroscuro-Malerei (Helldunkel) Caravaggios seine stilistische Ausrichtung, deren ausgeprägter Naturalismus in der Spätphase durch seine Ruhe, Würde und Vergeistigung ausstrahlenden Figuren an Schärfe verliert. In dieser Zeit, um 1650, scheint die großartige „Beweinung Christi" in der Oldenburger Sammlung entstanden zu sein, ein Bild von hohem Devotionscharakter, das, würde man es in die chronologische Abfolge der Passion Christi stellen, zwischen Kreuzabnahme und Grablegung einzureihen wäre. Die Forschung hat das Gemälde verschiedentlich Riberas Schüler Luca Giordano zugeschrieben und an

Jusepe de Ribera (in Mitarbeit von Luca Giordano): Die Beweinung Christi, um 1650 LMO 15.603

eine frühe Arbeit im Stil des Lehrers gedacht. In der bildkünstlerischen Konzeption jedenfalls weist es alle Anzeichen einer Erfindung Riberas auf (frühere signierte und 1637 datierte Variante des Bildthemas in der Certosa di San Martino, Neapel), so dass von einer Ausführung unter seiner Leitung ausgegangen werden muss, die eine Mitarbeit Giordanos grundsätzlich einschließt.

Zum entscheidenden Ausdrucksträger wird das Licht, das sich auf Christus mit dem Grabtuch sowie auf die Physiognomien von Maria, Maria Magdalena, Joseph von Arimathia und Nikodemus legt. Eine fünfte, nicht identifizierbare männliche Gestalt, vermutlich Johannes, zeichnet sich nur schemenhaft zwischen ihnen ab. Die Kühnheit der Komposition liegt in der Bestimmung des oberen angestrahlten Tuchzipfels zum eigentlichen, zentralen Bildmotiv, dem selbst der Leichnam Christi nur zugeordnet ist. Als Lichtzentrum lenkt es die Aufmerksamkeit auf die übrigen vier Figuren, deren Verteilung der Köpfe nachhaltig auf dessen Formgebung Bezug nimmt. Die auffällige Angleichung des leichenblassen Teints Marias mit dem ihres Sohnes ist Ausdruck ihrer „compassio", d.h. ihrer Fähigkeit, seine am Kreuz erlittenen Schmerzen mitzuerleiden.

Mit Francesco Trevisani (1656-1746) beginnt die Reihe italienischer Meister, deren Schaffen bereits in die Phase des 18. Jahrhunderts und damit in den Spätbarock hineinreicht. Er war u.a. Schüler von Antonio Zanchi in Venedig, von dem die Oldenburger Sammlung zwei kapitale Gemälde, eine „Entführung" und eine „Einschiffung der Helena", besitzt. Seit 1678 in Rom tätig, avancierte Trevisani zum führenden Vertreter der römischen Barockmalerei des frühen 18. Jahrhunderts. Seine „Hl. Familie mit dem Johannesknaben", um 1710/20 entstanden, ist als charakteristische Arbeit des Künstlers anzusehen. Von der Komposition bestehen mehrere, vergleichbare Varianten. In

Francesco Trevisani:
Die Hl. Familie mit dem
Johannesknaben,
um 1710/20
LMO 15.841

ihr vereinen sich eine anmutig-elegante Fi-
gurenauffassung mit einer weichen Ge-
wandbildung, denen gleichzeitig klassizi-
sierende Züge gegenüberstehen, die sich
an der zeichnerisch-strukturierenden Behandlung einzelner Falten oder am Profil-
schnitt festmachen lassen. Sowohl der Einfluss Correggios, als auch der Carracci-
Brüder Annibale und Lodovico wirken im
einen wie im anderen Fall darin nach, deren Kunst Trevisani neu interpretiert und in
das 18. Jahrhundert überträgt. Durch den
träumerisch-melancholischen Stimmungsgehalt, der sich in dem Blick Marias Ausdruck verschafft, und durch die Intimisie-
rung der Darstellung empfiehlt er sich als
Wegbereiter zum Rokoko. Die genrehaft-
idyllische Auffassung, die das Jesuskind
wie einen schlafenden Säugling ohne Anspruch auf besondere Geltung aussehen
lässt, sollte jedoch nicht vorschnell zu der
Annahme verleiten, dem Bild fehle es an
sinnstiftenden Zusammenhängen. Dessen
kraftlos herabgesunkenem linken Arm wird
in Verbindung mit dem Zeigegestus auf
das Kreuz des Johannes eine besondere
Bedeutung zuteil. So ist im Schlaf sein
zukünftiger Passionstod bereits gedank-

Francesco Trevisani:
Die Hl. Familie mit dem
Johannesknaben (Detail),
um 1710/20
LMO 15.841

lich vorweggenommen. Mit dem Kuss auf den Fuß bezeugt der kleine Johannes darüber hinaus jene Auserwählung, die dem Kind durch seinen Opfertod zufallen wird. Auch der als melancholisch beschriebene Blick Marias erhält einen Sinn durch seine Richtung auf das Buch in den Händen Josephs. In symbolhafter Entsprechung dem Kreuz gegenübergestellt, ist in ihm die Heilsgeschichte und mit ihr der letzte Sinn des Opfertodes Christi aufgezeichnet.

In dem früher Marcantonio Franceschini zugeschriebenen Gemälde „Mars und Venus" greift Paolo de Matteis (1662-1728) auf ein gleichnamiges Bild seines Lehrers und Ribera-Schülers Luca Giordano zurück, das dieser wenige Jahre nach seiner Venedig-Reise 1667 gemalt hat. Wie Giordano schuf de Matteis außer Arbeiten in Öl auch eine beachtliche Anzahl von Freskenbildern. Überhaupt hinterließ er ein überaus umfangreiches Oeuvre und soll seinen Lehrer an Schnelligkeit sogar noch übertroffen haben. Seine Darstellung von Venus und dem Kriegsgott Mars, mit dem sie ihren Gatten, den hinkenden Feuer- und Schmiedegott Vulkan, betrügt, zeigt eines deutlich: Es ist eine auf äußerliche Wirkung zielende Kunst, der es ungeachtet aller maltechnischen Raffinesse an Ausdruckskraft mangelt. Dennoch handelt es sich um ein in seiner kontrastreichen und delikaten Licht- und Farbgebung äußerst ansprechendes Werk, in dem die Handlung weder zweifelsfrei als Abschieds- noch als Begrüßungsszene identifizierbar ist. Die seitlich nach hinten gerichtete rechte Hand des Mars kann ebensogut mit dem Hinweis auf seinen Entschluss gedeutet werden, wieder in den Krieg zu ziehen, oder aber als exaltierte Geste, sich mit Venus einem Schäferstündchen hinzugeben, so wie es Homer (Odyssee VIII, 261-366) schildert: „Komm, Geliebte, zu Bette, der süßen Ruhe zu pflegen! Denn Hephaistos (röm. Vulkan) ist nicht daheim..." Die Beliebigkeit der Aussage scheint bewusst in Kauf

genommen und stellt dem Betrachter letztlich frei, was er in der Verbindung von Mars und Venus sehen möchte: eine anekdotische Schilderung aus Mythologie und Antikendichtung oder vielleicht allgemein „nur" eine Projektion eigener Wunschträume. Ein humanistisch geschulter Geist mochte in ihr ein Sinnbild des Friedens erblicken, als das schon der römische Dichter Lukrez (De Rerum Natura I, 29-40) die Beziehung des Paares verstand, aus der neben Amor auch die Tochter Harmonia hervorgegangen war. Das Violett des Federbusches, ein Mischton aus Blau und Rot, die sich in Venus´ Mantel und der Schärpe von Mars wiederfinden, würde zumindest einen Hinweis auf diesen der Liebe erwachsenen Ausgleich zwischen den durch beide Götter verkörperten Eigenschaften geben.

Neben Tiepolo spielte der bei Antonio Molinari und Guiseppe Maria Crespi in Bologna ausgebildete Giovanni Battista Piazetta (1682-1754) die herausragende Rolle in der venezianischen Malerei des Spätbarock. Von Crespi, Piazettas zweitem Lehrer, besitzt die Sammlung eine „Susanna vor Gericht", in der noch die Tradition der Bologneser Malerschule eines Correggio, der Carraccis und eines Guido Reni nachklingt. Die betonten Helldunkel-Effekte seiner Malerei, die zu-

Paolo de Matteis:
Mars und Venus,
um 1690
LMO 14.300

Giovanni Battista Piazetta:
Die hl. Ursula im Gebet,
um 1740/50
LMO 15.605

gleich aber auch Crespis eigenständige Leistung als Kolorist veranschaulichen, haben auf Piazetta einen bleibenden Einfluss ausgeübt. Dessen Werke unterscheiden sich in hohem Maße von der zeitgenössischen hellfarbigen Malweise des Rokoko, was er in der „Hl. Ursula im Gebet" eindrucksvoll unter Beweis stellt. In dem kleinen, weitgehend auf Brauntönen aufbauenden Gemälde wird das Gesicht der Pilger-Heiligen allein vom Licht modelliert, zu einem Antlitz voll spiritueller Ergriffenheit. Bedingt durch die extreme Nahsicht ist der Betrachter aufgefordert, „das Gesicht mit dem Blick abzutasten, jeder feinsten Wandlung nachzuspüren....Alles Seelische liegt offen, ungeschützt dar wie eine Landschaft " (Michael Brötje, Typoskript Oldenburg 1993). Als einzig benennbarer Gegenstand dem Licht eingebunden, erscheint rechts angeschnitten die Fahne zum Zeichen des Sieges der Heiligen über ihr Martyrium. Für Figuren von einer derart starken Nah- und Unteransicht, zudem in ihrer Beschränkung auf Kopf- und Schulterausschnitt, gibt es im Werk Piazettas immer wieder Beispiele. Die „Hl. Ursula" zählt diesbezüglich sicher zu seinen reifsten und künstlerisch bedeutendsten Leistungen.

Flämische Malerei des 17. Jahrhunderts

Wie in Italien, so behauptete die katholische Kirche auch im spanischen Teil der Niederlande, dem heutigen Belgien, eine führende Stellung als Auftraggeberin und Förderin der Kunst. Nicht anders stand somit die flämische Barockmalerei weitgehend im Zeichen der Gegenreformation. Zu einem ihrer wichtigsten Anliegen gehörte die Wiederbelebung und Intensivierung des Heiligenkultes, die mit großem didaktisch-propagandistischen Aufwand betrieben wurde. Wegen ihrer Volksnähe und des von ihnen geführten gottgefälligen Lebens waren Heilige ideale Glau-

Jacob Jordaens:
Die Wunder des hl.
Dominikus, um 1640/50
LMO 15.619

bensvermittler, ihre Wunder und Martyrien ein beliebter Bildgegenstand. Jacob Jordaens (1593-1678), der wie nahezu jeder Antwerpener Historienmaler unter dem Einfluss von Peter Paul Rubens – der damals dominierenden Künstlerpersönlichkeit im Lande – stand, lieferte in den 1640er Jahren dafür mit seinem kapitalen Gemälde „Die Wunder des hl. Dominikus" einen aussagekräftigen Beleg. In dieser Phase seines Schaffens flossen Jordaens bedeutendste Aufträge aus Inland und Ausland zu, da die beiden führenden flämischen Meister in kurzer Folge, Rubens 1640, van Dyck 1641, verstorben waren. Das Gemälde ist als stark bewegte, vielfigurige Komposition angelegt, so wie man es im Barock erwartet und wie Rubens sie ähnlich zwanzig Jahre zuvor etwa in den „Wundern des hl. Franz Xaver" (Wien, Kunsthistorisches Museum) gestaltet hat. Unwirklich mutet die Szene an, in der Dominikus, von Wolken umhüllt, in der für ihn typischen Tracht aus langem weißen Gewand, Stola und schwarzem Kapuzenmantel sich segnend den Menschen zuwendet. Diesen Eindruck steigernd, werden die im Verlauf seines legendären Heiligenlebens vollbrachten Wundertaten fiktiv zu einem Augenblick der Darstellung vereint. Kranke, Besessene, ein zum Leben Erweckter, Frauen und Kinder sowie Anhänger des Ordens umringen ihn. Eine vollends irreale Situation entsteht durch das kleine „Bild im Bild" über dem Rundbogen mit Maria und dem Christuskind, die dem Heiligen im Zusammenhang mit der Ordensgründung mehrfach im Traum begegnet waren. Wie durch ein weiteres Wunder scheinen sie lebendig geworden, so als wollten sie in das Geschehen eingreifen.

Von Anthonis van Dyck (1599-1641), den Rubens 1618 in einem Brief als seinen Lieblingsschüler („il meglior mio discepolo") bezeichnete, besitzt die Oldenburger Sammlung ein Gemälde mit der überlebensgroßen Darstellung des „Hl. Hieronymus in der Wüste". Seine Vollendung fällt ziemlich genau in die Zeit von Rubens' lobender Äußerung. Nur wenige Monate zuvor hatte er van Dyck als Werkstattmitarbeiter in sein Atelier aufgenommen. Der junge Maler wusste sich schnell dem plastischen Figurenstil seines Lehrers anzu-

Anthonis van Dyck:
Der hl. Hieronymus in der
Wüste, um 1618/20
LMO 7.671

passen. So groß war das Vertrauen in die Fähigkeiten seines in der künstlerischen Entwicklung absolut frühreifen Schülers, dass ihm Rubens für viele seiner Werke teilweise oder sogar ganz die Ausführung übertrug. Inzwischen hatte es van Dyck selbst schon zum Freimeister gebracht, der von nun an auf eigene Rechnung malen durfte. Von der betont elegant-emotionalen Auffassung, die seine späteren Arbeiten, insbesondere die Porträts des Genueser Adels und von Mitgliedern des englischen Hofes kennzeichnen, trennt ihn noch manches. Dennoch gewinnt er, obwohl in den unter eigenem Namen entstandenen Kompositionen aus den frühen Antwerpener Jahren (bis 1621) Rubens' kräftige Körperlichkeit der Figuren weiterhin nachwirkt, an künstlerischer Eigenständigkeit. Der freie, stark malerische Farbauftrag und die schmale Kopfform seiner Akteure zeugen von van Dycks intensiver Auseinandersetzung mit der venezianischen Malerei in diesen Werken, zu denen auch das Oldenburger Bild gehört. Es zeigt Hieronymus im Typus des in selbstgewählter Einsamkeit den weltlichen Dingen entsagenden Heiligen. Der rote Mantel als Zeichen seiner ihm in Legenden des 15. Jahrhundert als Kardinalswürde ausgelegten Bischofsweihe liegt abgestreift auf dem Schoß. Der Stein zu seinen Füßen weist auf seine täglichen Bußübungen, in denen er sich kasteiend gegen die Brust schlägt, um den fleischlichen Verlockungen zu widerstehen. Nicht fehlen darf sein Symboltier, der schlafende Löwe, der auf die Legende der Löwenheilung anspielt, als Hieronymus das bei ihm Hilfe suchende Tier von einem Dorn in der Pranke befreite.

Frans Francken d.J.:
Die Welt huldigt Apoll, 1629
LMO 15.612

Außer weiteren Werkstattwiederholungen (Potsdam, Wiener Akademie) existieren gänzlich eigenhändige Fassungen (Stockholm, Rotterdam), die zusätzlich einen Engel links hinter Hieronymus einbeziehen. Er wurde in dem Gemälde und allen anderen Atelier-Nachbildungen durch eine große Aussparung im Grotteneingang ersetzt. Ohne Engel jedoch verliert die seitliche Körperneigung des Heiligen, die beibehalten wurde, ihren Sinn.

Gleich mit zwei Werken tritt uns Frans Francken d. J. (1581-1642) als ein von Rubens unbeeinflusster Antwerpener Meister in Oldenburg gegenüber: mit der signierten und 1629 datierten Allegorie „Die Welt huldigt Apoll" sowie einer alttestamentarischen Schilderung von „Moses, der Wasser aus dem Felsen schlägt". Beides sind charakteristische Arbeiten des Künstlers, die seine Vorliebe für reich ausgekleidete klein- und mittelformatige Figurenszenen widerspiegeln. Franken gehörte einer angesehenen Malerfamilie an, deren bekanntestes und begabtestes Mitglied er war. Neben Historien und Allegorien malte er Genrestücke und spezialisierte sich auf „Bildergalerien" und „Kunstkammern", bildlichen Darstellungen von Galerien und Sammlungen also, die in perfekter Illusion die darin enthaltenen Gemälde und Kunstgegenstände wiedergeben.

Frans Francken d.J.:
Die Welt huldigt Apoll
(Detail), Personifikation
Amerikas, 1629
LMO 15.612

Apoll, Gott des Lichts und der Künste, aber auch als Städtebauer Trojas ein Begriff, erscheint in der Allegorie in der weniger vertrauten Rolle des thronenden Weltenherrschers, der die Huldigungen und Gaben der Welt empfängt. Ihm zu Füßen ausgebreitet sind die aus dem Meer – links vertreten durch den Dreizack schwingenden Meeresgott Poseidon, seine Gemahlin Amphitrite sowie begleitende Tritonen und Nereiden – und der Erde – u.a. versinnbildlicht durch die vier weiblichen Personifikationen der damals bekannten Erdteile Europa, Afrika, Asien und Amerika rechts im Vordergrund – gewonnenen Erträge. Fische, Seegetier, Muscheln und exotische Früchte, aber auch metallene Prunkgefäße, Preziosen und Rüstungsteile stehen als Gaben bereit. Sie unterstreichen Franckens ausgesprochene Fähigkeit zu einem perfekten Materialillusionismus, über den außer ihm nur noch wenige flämische Figuristen verfügten, so dass man sich bei vergleichbaren Aufgaben häufig der Dienste eines Fachmalers versicherte.

Nähere Aufschlüsse über die Bedeutung des Gemäldes und seinen Auftraggeber liefert die Signatur, weil sie außer dem Namen des Künstlers auch den Ort der Entstehung „...fA." (= fecit Antwerpen) preisgibt.

Der von Poseidon und Amphitrite beherrschte maritime Bereich zur Linken spielt auf den Triumph der Seefahrt an, der Antwerpen als Seehandelsmetropole seinen Wohlstand verdankte. Tatsächlich personifizierte sich die Stadt gerade mit diesen beiden Göttergestalten. Auch der Gedanke der legendären Gründung Trojas durch Apoll und Poseidon spielt hinein, denn wie Rom von Troja aus gegründet wurde, so gingen von Antwerpen weitreichende Handelsbeziehungen nach „Neuspanien",

Daniel Seghers und Erasmus Quellinus d. J. (Büste): Blumenkranz mit Marienbüste, um 1645/50 LMO 15.617

dem heutigen Südamerika, aus. Die exponierte Stellung der federbekränzten „Amerika" im Vordergrund ist von daher nicht verwunderlich, die Francken in auffälliger Weise mit dem sich ihr zuwendenden Gott Apoll in Beziehung setzt. Einem Zepter gleich stützt er seine Leier in die Hüfte, ein Hinweis auf seine weltumspannende Regentschaft als Musenführer („Musagetes"). Sinnvoll verbinden lassen sich diese Beobachtungen unter der Annahme, dass es sich bei den Auftraggebern für das Bild um die Antwerpener Instrumentenbauerfamilie Ruckers handelt. Ihre Clavecimbel und Virginale gingen vornehmlich in die Neue Welt, wo sie sich zum Teil noch erhalten haben. Der leierspielende Apoll als Markenzeichen in Gestalt einer Bleirosette prunkte auf der Öffnung des Resonanzkastens eines jeden Ruckers-Instruments.

Auch weniger erhabene Themen als die mit der religiösen und profanen Historienmalerei oder der Allegorie verbundenen Bildinhalte wurden in den spanischen Niederlanden für bildwürdig erachtet. In der meist auf klein- und mittelgroße Formate beschränkten Gattungsmalerei hatten vor allem Architektur-, Landschafts- und Genredarstellungen (Schilderungen des täglichen Lebens), wie sie durch Peter Neefs d.Ä., Philips Augustin Immenraet und Gillis van Tilborgh vorliegen, Konjunktur. Ein außergewöhnlicher Fachmaler, ausgebildet im Atelier des Blumenspezialisten Jan Brueghel d.Ä. und bereits zu Lebzeiten über die Grenzen seines Landes hinaus sehr geschätzt, war Daniel Seghers (1590-1661). Sein Name steht für eine flämische Sonderform künstlerischen Spezialistentums, für das sog. religiöse Blumenstück. Mit diesem speziellen Typus des Blumenstillebens verbindet sich die Darstellung von bouquet- und girlandenartigen Blumenkränzen, die in einem einzigartigen Naturalismus mit leuchtenden Farben und delikater Zartheit um eine zentrale, reich ornamentierte Barockkartusche gruppiert wurden. Häufig fügten in die sie aufnehmende Nische flämische Figurenmaler nachträglich Szenen und Figurenmotive vorwiegend religiösen Inhalts ein. So steuerte der namhafte Historienmaler und Porträtist Erasmus Quellinus d. J. (1607-1678), mit dem Seghers wiederholt zusammenarbeitete, auch in einem der beiden Oldenburger Blumenstücke eine Marienbüste bei, die er, abgestimmt auf den Farbwert der Kartusche, in einer Stein imitierenden Grau in Grau-Malerei („Grisaille") ausführte. Von diesem vielseitigen Antwerpener Rubens-Mitarbeiter konnte jüngst das ikonographisch überaus inter-

Daniel Seghers:
Blumenkranz, um 1650
LMO 15.618

Erasmus Quellinus d.J.:
Maria Immaculata, 1650/60
LMO 26.087

essante Bild einer „Maria Immaculata" er-
worben werden. Als Bildträger für die beiden Blumenkränze wählte Seghers zwei
gewalzte Kupfertafeln. Der Grund, diesem
in der Malerei eher seltenen, weil gegenüber Holz und Leinwand teureren Mate-
rial den Vorzug zu geben, lag in der stärker feinmalerischen und farblich luziden
Wirkung, die sich auf der glatten Kupfer-
oberfläche erzeugen ließ.

1614 war Seghers als Laienbruder dem
Jesuitenorden beigetreten. Die Zugehörig-
keit zu dem jungen, sich innerhalb des Katholizismus schnell Einfluss verschaffen-
den Orden sicherte dem Maler eine Unabhängigkeit von den reglementierenden
Statuten der Malerzunft. Diese Verbun-
denheit dokumentierte Seghers in seiner
Bildunterschrift, die er stets – wie auch in
dem signierten Stück mit der Marienbüste
– mit dem Zusatz „Societatis Jesu (oder
Soc tis Jesu bzw. S.J.) versah. Ganz im
Zeichen der Rekatholisierungsabsichten
seines Ordens stattete er anders als seine
protestantischen Malerkollegen in den
Nordprovinzen, deren Blumenbildern ein
moralisierender Charakter und seit dem
sprunghaft ansteigenden Tulpenhandel
vermehrt nur noch ein warenästhetischer
Wert eignete, seine „Blumenkränze" mit
einer religiösen Symbolik aus. Anhand
des erwähnten Oldenburger Bildes lässt
sich aufzeigen, wie bei Seghers durch die
bevorzugt verwendeten Blumensorten ma-
riologische und christologische Bedeu-
tungsinhalte ineinandergreifen. Gleichsam
in verschlüsselter Sinngebung werden die
Passion Christi und die aufopferungsvolle
Liebe Marias zu ihrem Sohn vor dem
Auge des gläubigen Betrachters ausgebreitet. Während rote und rosa Rosen sowie die gelbe Narzisse sich auf Christus,
d.h. auf sein am Kreuz vergossenes Blut
und seinen Sieg über den Tod beziehen,
sind die rot-weißen Tulpen als Zeichen des
Schmerzes, den Maria bei der Kreuzi-
gung ihres Sohnes leidet, und die weiße
Rose als Hinweis auf ihre Jungfräulichkeit

zu begreifen. Die hellroten Nelken stehen in der Bedeutung der reinen Liebe, die sie ihm entgegenbringt. Bezeichnend für die aus ihnen abzuleitende Aussage bekrönen eine weiße und eine blaue Hyazinthe als Sinnbilder der Himmelssehnsucht die Blumenpracht.

Karl Wilhelm de Hamilton:
Waldstilleben
LMO 15.628

Frei von aller spirituellen Symbolik präsentiert sich das auf einen Naturausschnitt mit Disteln, Pilzen, Kriechtieren und Insekten gerichtete kleine „Waldstilleben" von Karl Wilhelm de Hamilton (1668-1754). Der mikroskopisch feine, fast haptischen Reiz erzeugende Naturillusionismus wie auch die Wiedergabe eines Biotops weisen über den hohen ästhetischen Wert des Bildes hinaus vermutlich auf ein wissenschaftlich-zoologisches Interesse seines Urhebers. Mit diesem wahren Kleinod der Sammlung führt der in Brüssel geborene Meister, der bei seinem Vater, dem Stillebenmaler Jacob de Hamilton lernte, jene durch den Nordniederländer Otto Marseus van Schrieck begründete Spezialform der Gattungsmalerei auf hohem Niveau fort.

Der in Brüssel beheimatete Gillis van Tilborgh (1625-1678) gehört einer auf Adriaen Brouwer und den von ihm beeinflussten Joos van Craesbeeck, David Teniers d.J. und David III. Ryckaert folgenden Generation flämischer Genremaler des 17. Jahrhunderts an, die deren oftmals derbe Motivik und Erzählsprache in ihren Bauern- und Hirtenszenen hinter sich gelassen haben. Seine „Abweisung des Freiwerbers" verrät bereits eine Galanterie und Gefälligkeit des Ausdrucks, die auch seinen Bildnissen zu eigen und schon der höfisch-eleganten Malweise eines Gonzales Coques verpflichtet sind. Der Titel des Gemäldes bezieht sich auf einen am gedeckten Tisch sitzenden Kavalier, der um eine junge Frau neben sich bemüht ist, die seine Annäherung jedoch sanft zurückweist. Mehrere andere Personen unterschiedlichen Alters sind um das Paar arrangiert. Hinter dem koloristisch äußerst ansprechenden Bild, dessen warmer rötlichbrauner Gesamtton von frischen – vorwiegend weißen, roten und blauen – Farbakzenten belebt wird, verbirgt sich möglicherweise mehr, als es auf den ersten Blick preisgibt. Der Gedanke an eine Fünf-

Sinne-Darstellung will sich einstellen, wenngleich für den Geruch nur die Gewürzstaude auf der weißen Tischdecke in Anspruch genommen werden könnte. Die beiden Violin- und Cellospieler zur Linken würden demnach das Gehör symbolisieren, die Dame und der einschenkende Diener den Geschmack, das auffällig heraussehende Mädchen vor der Hauswand das Gesicht und das sich einander berührende junge Paar rechts das Gefühl.

Niederländische Malerei des 17. Jahrhunderts

Mehr aber noch als die flämische steht die Malerei der nördlichen Niederlande, denen nach achtzigjährigem Unabhängigkeitskampf von Spanien 1648 die politische Souveränität zuerkannt wurde, für das einzigartige Phänomen einer weitverzweigten Gattungskunst. Die „Niederländer" machen den zahlenmäßig größten Anteil der Sammlung aus. Bedingt durch die anfänglich strenge Glaubensauslegung des Protestantismus im Calvinismus, der nach der Reformation Ende des 16. Jahrhunderts in den nördlichen Provinzen rasch Fuß fasste, war es den Menschen untersagt, sich ein Ebenbild von Gott zu schaffen. Die weißgetünchten bilderlosen Kirchen in den Niederlanden sind bis heute dafür anschaulicher Beleg. Religiöse Themen, die in den katholisch dominierten Ländern einen Großteil der Bildproduktion ausmachten, verschwanden weitgehend aus der Malerei, wenngleich solche Darstellungen trotz des Verbots immer wieder die Ateliers der Künstler verließen. Denn obwohl die Niederlande ein mehrheitlich protestantisches Land waren, lebten dort auch viele Anhänger des Katholizismus. Fest steht jedoch, dass die veränderte Situation die Künstler veran-

lasste, sich nach neuen Bildmotiven umzu-
suchen, die sie zunehmend aus ihrem un-
mittelbaren Lebensalltag bezogen. Da
sich, so die Vorstellung, die Existenz
Gottes überall manifestiere, könne seine
Schöpfung auch in den Lebewesen und
Gegenständen gepriesen werden.

Die Mannigfaltigkeit niederländischen Spezialistentums veranschaulichen Genre-
und Gesellschaftsstücke von Jan Lievens,
Pieter Codde, Jacob Duck, Philips Wou-
werman, Jan Miense Molenaer und Abraham Hondius, Landschaften von Pieter de
Molyn, Aert van der Neer, Cornelis
Vroom, Jan Wynants, Nicolaes Molenaer,

*Allaert van Everdingen:
Holländische Flussmündung
mit Schiffen
LMO 15.679*

Allaert van Everdingen, Herman Saftleven
d.J., Frederik de Moucheron sowie den
Italianisanten Bartholomäus Breenbergh,
Cornelis van Poelenburgh, Willem Schellinks und Johannes Glauber, Seestücke
von Hendrik Anthonissen, Ludolf Backhuy-
sen und Abraham Storck, ein Kircheninte-
rieur von Anthonie de Lorme sowie Gerrit
Willemsz. Heda, Johann Leemans, Jan
Vonck und Simon Verlest mit Frühstücks-,
Jagd- bzw. Blumenstilleben. Vor allem Stil-

leben und Szenen des täglichen Lebens waren häufig mit einem moralisch-belehrenden Anspruch behaftet.

Keine Gattung außer dem Porträt wurde in den Niederlanden so eifrig gepflegt wie die Landschaftsmalerei, was sich auch an dem umfangreichen Sammlungsbestand ablesen lässt. Im Widerspruch dazu fand sie in der eigenen Kunsttheorie nur wenig Beachtung. So sei, hieß es, die Schilderung von Natur bedeutungslos, wenn sie nicht als Teil der höchsten aller Bildgattungen, der „Historie", diene, worunter man Darstellungen mythologischer, religiöser und Themen aus der damals zeitgenössischen Literatur verstand. Landschaft wurde demnach nicht als eigene Kunstgattung anerkannt, ihre Funktion vielmehr lediglich auf Ausschmückungsaufgaben beschränkt.

Die Realität hatte die Theorie allerdings längst überholt. Häufig ohne präzise Ortsangaben vorzunehmen, schufen die niederländischen Landschaftsmaler autonome Naturbilder, in denen sie sich maßgeblich an den realen topographischen Verhältnissen ihrer Region orientierten. Ansichten unverwechselbar „nationalholländischen" Charakters entstanden. Sie zeigen das „flache Land", so wie es ist, mit einem weiten Himmel über niedrigem Horizont. Wenn Allaert van Everdingen (1621-1675) seine „Holländische Flussmündung mit Schiffen" auch letztlich im Atelier nach künstlerischen Kriterien frei kombinierte, dann ist beispielsweise in der Art, wie bei ihm das fahle Sonnenlicht durch den wolkenverhangenen Himmel bricht und eine Lichtspiegelung auf der Wasseroberfläche hinterlässt, immer auch ein gutes Stück eigens vor Ort gemachte Naturbeobachtung mit im Spiel. Küste, Dünen, Deiche, Flüsse, Wiesen, Felder, Gehöfte, Dörfer, Städte, ob bei Tages- oder Abendlicht, zu welcher Jahreszeit auch immer – reichlich machten niederländische Landschafsmaler von der Möglichkeit Gebrauch, sich zu spezialisieren.

Pieter de Molyn:
Signalturm am Strand,
um 1630
LMO 15.636

Pieter de Molyn (1593-1661), der wie viele seines Faches in Haarlem – neben Amsterdam das größte Zentrum für Landschaftsmalerei – tätig war, bevorzugte in seinen Bildern Dünenmotive und sandige Wege. Mit dem „Signalturm am Strand", dessen verwittertes Gemäuer sich auf einer Düne erhebt, bezieht Molijn sich direkt auf die Umgebung, in der er lebte, lag die Stadt doch in nächster Nähe zum Meer. Das gilt auch für den eine Generation jüngeren und ebenfalls in Haarlem arbeitenden Jan Wynants (1631/32-1684) mit seinen Dünenlandschaften. Doch gelangte er zu anderen Ergebnissen. In dem „Weg am Wasser" führt er das Motiv der teils sandigen, teils grasbewachsenen Anhöhe zu klassischer Form und Erhabenheit, die dem Bild trotz des geringen Formats eine gewisse Monumentalität in der Wirkung verleihen. Verantwortlich dafür und zugleich charakteristisch für fast all jene Landschaften dieses Meisters ist das Sonnenlicht, das sich als heller Widerschein auf der Düne fängt und ihre unregelmäßige Oberfläche plastisch herausmodelliert.

Wesentlicher aber noch unterscheiden sich beide Künstler in der Koloristik. Molyn, der Ältere, gelangte durch eine fein nuancierte, fast monochrome Farbgebung zwischen bräunlichen, bläulichen und grauen Werten zu eindrucksvollen Lichtstimmungen, die den besonderen atmosphärischen und optischen Gegebenheiten der heimatlichen Landschaft Rechnung tragen. Wie bei ihm, so beherrschte auch bei anderen niederländischen Landschaftern der ersten Jahrhunderthälfte jene Art von Tonmalerei die Richtung eines Großteils ihrer Kunst. Seit Mitte des 17. Jahrhunderts brachen die meisten Künstler mit der Monochromie der realistischen hollän-

Jan Wynants:
Weg am Wasser, um 1660
LMO 15.959

dischen Landschaftsmalerei. Eine frische, kräftige Lokalfarbigkeit hält in ihre Bilder Einzug. Bei Jan Wynants, dessen Schaffenszeit in den zweiten Jahrhundertabschnitt fiel, bestimmt ein weitgehend blauer, die Landschaft gleichmäßig ausleuchtender Tageshimmel die Farbwirkung der Komposition. Dieser Stilwandel steht mit gewissen romantischen Tendenzen, die gleichzeitig in der niederländischen Landschaftsmalerei wirksam werden, für eine Haltung, innerhalb der die Künstler auf unterschiedliche Weise nach subjektiveren Ausdrucksmöglichkeiten individueller Stimmungen suchten.

In dem Zusammenhang ist auch die „Flusslandschaft im Mondschein" von Aert van der Neer (1603-1677) zu sehen. Sie weist auf eine besondere Spielart der niederländischen Landschaft, die sich mit keinem Namen so häufig verbindet wie mit jenem seit 1638 in Amsterdam ansässigen Meister. In den 1640er Jahren begann Van der Neer, von dem sich überdies zwei ähnliche Darstellungen in der Sammlung befinden, mit dem Malen von Abend- und Nachtlandschaften, die vom Schein des Mondes, der versinkenden Abendsonne oder von Feuersbrünsten erhellt werden. Eine entscheidende Rolle spielt in ihnen

Aert van der Neer:
Flusslandschaft im Mond-
schein, um 1650
LMO 15.644

die reflektierende Wirkung des Lichts, weshalb der Künstler seine Städte und Dörfer jeweils an Flüssen, Kanälen und Seen ansiedelte. Durch die Spiegelung des natürlichen Lichts im Wasser, hier des Mondes, gewann er gleichsam eine zweite Lichtquelle hinzu, die im Vordergrund die Silhouette eines bemannten Fischerbootes und eines Flusskahns sowie die Uferbefestigung mit Stangen, Pfählen und ausgespannten Netzen erkennen lässt. Parallel zu den Nachtstücken erweiterte er seit ca. 1650 mit sog. „Winterlandschaften" seine Themenpalette, um einen zweiten Absatzmarkt zu finden. In Motivik und Bildaufbau seinen nächtlichen Landschaften ähnlich, fängt sich das in grauen, blauen und hellen warmtonigen Valeurs gefärbte Tageslicht des Wolkenhimmels auf der – nun zugefrorenen – Oberfläche des Flusses, auf dem die Bewohner der umliegenden Städte und Dörfer die Winterfreuden genießen.

Diejenigen unter den niederländischen Landschaftern, die das sonnige Italien besuchten und ihre Erinnerungen an das Land in ihren Ansichten verarbeiteten, bezeichnet man als „Italianisanten". Nicht alle Künstler waren tatsächlich dort gewesen, übernahmen aber die Motive. Was ihre Bilder charakterisiert, ist das warme sonnige Mittelmeerlicht und ein blauer Himmel, insgesamt eine freundliche Farbgebung mit hellen, klaren Lokaltönen, in denen ein Gelb, Rot, Blau oder Weiß für koloristische Akzente sorgen. Die Vegetation erscheint den klimatischen Bedingungen entsprechend karger. Felsen, Ruinen einfache Häuser und Hütten, aber auch architektonische Relikte des antiken Rom fanden Aufnahme in ihre Kompositionen. Für solche, gleichsam authentische Hinweise stand der Name von Bartholomäus Breenbergh (1599-1657), der vielfach archäologisch relevante Architekturmotive (u.a. Diokletiansthermen, Tempel der Minerva Medica) in seinen Bildern verarbeitete, sich allerdings in der ansprechenden kleinen Darstellung „Römischer Ruinen" motivisch auf ein zwischen zwei Ruinenwänden eingezwängtes Haus beschränkte. Breenbergh gehörte wie Cornelis van Poelenburgh (1594/95-1667) zu den Gründungsmitgliedern der „Bentvueghels" (deutsch „Vogelschar"), einer sich 1623 in Rom in Konkurrenz zur dortigen Accademia di San Lucca konstituierten Bruderschaft niederländischer und flämischer Maler. Poelenburghs Kompositionen wie auch sein Oldenburger Bild, deren kleine Figurenszene er in die antike Mytenwelt verlagerte, verbreiten einerseits in der Landschaft eine lyrischere Stimmung als die Arbeiten von Breenbergh,

Bartholomäus Breenbergh:
Römische Ruinen
LMO 15.6370

Cornelis van Poelenburgh:
Landschaft mit
römischen Ruinen
LMO 15.638

andererseits folgen seine Gestalten darin einem stärker klassischen Figurenideal. In Willem Schellinks (angebl. um 1627-1678) „Felsiger Landschaft mit einer Bogenbrücke" schwingt durch das Tieforangerot des Abendhimmels bereits ein romantischer Grundton mit. Eine besondere Eigenheit dieser Nachfolgegeneration von Italianisanten liegt in dem hohen Stimmungsgehalt ihrer Werke, wozu auch die freizügige Behandlung der früher mit archäologischem Eifer hingesetzten Architekturformen beiträgt. Bemerkenswerterweise geht dadurch von den Bildern eine unmittelbarere Wirkung aus. Ein wichtiges verbindendes Element hierbei ist die Staffage mit Figuren aus dem Volksleben. Bei Schellinks besteht sie aus Maler, Reiter und einem Hirten, der mit Packeseln den Fluss auf der Bogenbrücke überquert.

Die Stilleben der Sammlung fallen im Vergleich zu den Landschaften zahlenmäßig weniger ins Gewicht. In dem Bild von Johannes Leemans (1633-1688) werden in illusionistischer Perfektion Gebrauchsgegenstände der Jagd, bestehend aus verschiedenen Geräten zum Vogelfang sowie üblichem Jagdzubehör, im Zustand des Nichtgebrauchs vorgeführt. Sie erschei-

nen, durch den Schattenwurf verstärkt, so lebensecht, dass man versucht ist, sie von der Wand zu nehmen. Solche, auf Augentäuschung gerichtete Darstellungen hießen im Holländischen auch „betriegertje" (Betrügerei). In der Regel besteht ein Stilleben aus einer Komposition „stillstehender Sachen". Der Begriff selbst kam erst Mitte des 17. Jahrhunderts auf. Ein „Frühstücksstilleben" von Gerrit Willemsz. Heda (1620/25-vor 1702) etwa, bezeichnete man vorher noch als „ontbijtje" (Frühstück) – einfach nach den Gegenständen, die auf dem Gemälde zu sehen waren.

Gerrit war Schüler seines bekannteren Vaters Willem Claesz. Heda. Das an zweiter Stelle, nach dem Vornamen angesiedelte Patronym, dies nur als genereller Hinweis zur Namensentstehung bei niederländischen Künstlern, verweist auf den Vornamen des Vaters, in unserem Fall „Willemsz.", das für Willemszoon (Sohn des Wilhelm) steht, auf Willem.

Willem Claesz. Heda gilt zusammen mit dem fast gleichaltrigen und wie dieser in Haarlem wirkenden Pieter Cleasz. als Begründer des monochromen Mahlzeitenstilllebens. Im Gegensatz zur starken Lokal-farbigkeit früherer Bilder erscheinen ihre Kompositionen seit den 1620er Jahren einem grünlich-grauen Gesamtton verhaftet. Jene Tendenz zur atmosphärischen Verein-heitlichung war bereits in der zeitgleichen Haarlemer Landschaftsmalerei zu beob-achten. Ein Einfluss auf beide Künstler gilt als wahrscheinlich, schließlich lebten sie in derselben Stadt. Durch die Eintönung er-fahren die kostbaren Gegenstände auf den Stilleben, deren Materialcharakter an sich schon durch die weichen Lichtreflexe virtuos erfasst wurde, nochmals eine Stei-gerung in ihrem Materialwert.

Gerrit Willemsz. Heda:
Frühstückstilleben
LMO 16.696

Gerrit Willemsz. Heda steht mit seinem Gemälde ganz in dieser Tradition. Auf dem mit einem Teppich bespannten Tisch sind mehrere Objekte des Essens und Trin-kens dekorativ zur Schau gestellt. Nichts an dem Arrangement ist dem Zufall über-lassen, auch wenn etwa die zerknautschte weiße Damastdecke diesen Eindruck er-weckt. Im Zentrum dominieren mit Schlan-genhalsglas und Römer (mit Nuppengriff) vertikale Motivelemente, die links und rechts von einem gestürzten Weinkrug und Weinpokal, beide mit Ausrichtung zu den Seiten, gerahmt werden. Im Vordergrund liegen jeweils außen auf metallenen Tellern als Beispiele vornehmer Esskultur und Zeichen gemeinsamen Verzehrs Zitrone und Auster. Bekanntlich hebt der Zitronensaft den Geschmack der Auster. Nur das Brötchen und die Glaskaraffe zur Linken sprengen, kaum wahrnehmbar, das symmetrische Ordnungsgefüge. Die in einem Stück geschälte Zitrone war seit ca. 1640 auch bei anderen Stillebenmalern der „gedeckten Tische" ein beliebtes Ziermotiv wegen der girlandenartig gewundenen Schale. Dies gilt auch für den umgestürzten Weinpokal mit den dekorativen Treibarbeiten an der Unterseite. Ob mit ihm tatsächlich eine Sitte, nämlich das Umstürzen eines Trinkgefäßes, nachdem man seinen Inhalt in einem Zuge gelehrt hatte, illustriert werden soll, erscheint mehr als fraglich. Eher doch trägt er zur ästhetischen Aufwertung des Bildes bei.

Das Gemälde „Alte Frau mit Geldbeutel" des Jan Lievens (1607-1674) führt uns in den Bereich der Genremalerei. Es gehört zu den wenigen Beispielen dieser Gattung des Künstlers, der sich in seinen Arbeiten vornehmlich auf Historien, Allegorien und Bildnisse verlegte, aber auch mit sehr schönen Landschaftsansichten aufwartete. Lievens war ein enger Weggefährte Rembrandts während der frühen Werkzeit in Leiden (1625-1631) und diesem zeitweise an künstlerischem Vermögen sogar überlegen. Noch bevor Rembrandt sich das erste Mal mit einer Historienkomposition zu Wort gemeldet hatte, beeindruckte Lievens zeitgenössische Kenner bereits mit großformatigen Figurenstücken. Erst am Ende der Leidener Jahre kehrte sich das Verhältnis um und Rembrandt wurde zur ideengebenden Kraft. Beide bekundeten in ihren Werken anfangs ein Interesse an der ungeschönt-realistischen Sicht der menschlichen Erscheinung, die sich an der Physiognomie alter Menschen am sinnfälligsten erwies. Davon profitiert Jahre später auch

Lievens´ um 1640 in Antwerpen entstandenes Bild, dem eine als Halbfigur zum Dreiviertelprofil nach rechts sitzende alte Frau im Lehnstuhl einbeschrieben ist. Ihre vornehme Kleidung, u.a. aus Pelz und Samthaube, fällt ins Auge, mehr aber noch das Goldstück in ihrer Rechten, das sie einem prall gefüllten Geldsack entnommen hat. Alter und Geld spielen auf den Geiz, einen schon seit dem Altertum hergestellten Zusammenhang an. In abgemilderter Form wird hier darauf verwiesen, dass im hohen Alter angehäufter Wohlstand nicht mehr glücklich machen kann angesichts der Einsicht, sehr bald aus dem Leben abberufen zu werden. Der Tod ist zwar nicht sichtbar, steht aber – daraus erklärt sich der wehmütige Blick – der Alten als unausweichliches Schicksal vor Augen. Solche moralisierenden Erkenntnisse werfen ein bezeichnendes Licht auf die Möglichkeit, wie Bilder in beiden Teilen der Niederlande betrachtet werden konnten. Außer ihrer Aufgabe, Sehlust zu wecken, waren sie auch immer Mittel der Belehrung.

Weiterhin blieben, ungeachtet der enormen Verbreitung der Gattungsmalerei, Darstellungen religiösen und biblischen Inhalts ein wesentlicher Bestandteil der niederländischen Kunst. Die durch den Calvinismus ausgesprochenen Beschränkungen hatten sich gelockert. Gerade Episoden aus dem Alten Testament waren beliebt, begriff man sich doch wie die Israeliten als das von Gott auserwählte Volk, dessen Schicksal, sich übermächtiger Feinde zu erwehren, Parallelen zur eigenen Geschichte und zum Unabhängigkeitskampf gegen Spanien aufwiesen. Außerdem wurden Bildthemen bevorzugt, die allgemein zu tiefer Frömmigkeit anhielten oder in denen das gesprochene Wort Gottes, also der Predigtgedanke, im Mittelpunkt stand, wie es Jacob Adriaensz. Backer (1608/09-1651) in der „Predigt Johannes des Täufers" vorträgt.

Jacob Backer:
Die Predigt Johannes
des Täufers, um 1635
LMO 15.649

Nicht nur mit Jacob Backer und Jan Lievens, sondern auch mit den folgenden Malern erweitert sich die Gruppe der Künstler aus dem Umkreis von Rembrandt. Einer von ihnen war Gerbrandt van den Eeckhout (1621-1674), der Rembrandts Amsterdamer Werkstatt zwischen 1635 und 1640 besuchte. Völlig dessen Stil dieser Jahre verinnerlichend, malte Van den Eeckhout – so die bis heute überzeugendste Zuschreibung – die kleine Eichenholztafel mit dem „Engel im Hause des Tobias", die früher einmal für ein Werk Rembrandts gehalten wurde. Ihre monochrome Farbgebung baut nur auf wenigen Braun- und Weißtönen auf, und tatsäch-

lich gibt es von Rembrandt ähnliche geringformatige Szenen vergleichbaren Inhalts (z.B. „Die Frau des Tobias mit der Ziege" u. „Der Traum Josefs", beide Gemäldegalerie der Staatlichen Museen, Berlin). Wie auch immer, das Oldenburger Gemälde schildert eine Episode aus dem Buch des Tobias (Kap. 11), einer der apokryphen, d.h. nicht anerkannten Schriften des Alten Testaments.

Tobias, einst ein reicher und frommer Mann, verlor im erzwungenen assyrischen Exil der Israeliten sein Vermögen. Trotz Armut beachtete er weiterhin die Gesetze seiner Religion und übte Akte der Barmherzigkeit. Was der damalige niederländische Betrachter aus der Geschichte bzw. dem Bild als einer sie illustrierenden Momentaufnahme lernen konnte, war, dass sich Gottes Gnade in tiefster Not – bei Tobias nicht nur wirtschaftlich, sondern auch körperlich –, demjenigen erweist, der im Glauben fest verankert ist. Dieser sehr persönlichen Sicht des Verhältnisses von Gott zu den Menschen entspricht auch das zurückhaltende Kolorit des Bildes, in dem allein das Licht für feine Tonabstufungen sorgt.

Ein weiterer Rembrandtschüler, Jan Victors (1620-1676), verwendete in dem Anfang der 1640er Jahre entstandenen Gemälde „Der junge Cyrus wird seinem Großvater Astyages vorgestellt" große Sorgfalt auf die Wahl und Ausführung der Kostüme. Überhaupt liegt der Reiz des Bildes in erster Linie auf der virtuosen Suggestion von Stofflichkeit, sicher nicht in dem übertriebenen Gebärden- und Mienenspiel der Figuren, die wie Schauspieler agieren. Victors favorisierte Themen aus dem Alltags-

Jan Victors:
Der junge Cyrus wird seinem
Großvater Astyages vorge-
stellt, um 1640/45
LMO 15.651

leben und aus der biblischen Historie. Mit dem Oldenburger Werk allerdings behandelte er, einzigartig in seinem Oeuvre, einen Gegenstand aus der Alten Geschichte, sehr wahrscheinlich auf Veranlassung seines Auftraggebers, in dem man den niederländischen Statthalter Friedrich Heinrich von Oranien vermuten darf. Die eigentliche Hauptfigur, Cyrus, ist auf den ersten Blick als solche nicht erkennbar. Sie steht links, halb verdeckt, in einiger Entfernung vom Thron des Großvaters. Das bei Herodot (Historien I,115/116) wiedergegebene Ereignis von Cyrus, der das persische Weltreich begründete und Astyages, den letzten König der Meder, entthronte, diente den Niederländern als Präfiguration des eigenen Freiheitskampfes gegen Spanien. Eine Identifikation mit einem persischen Herrscher war möglich, weil er nicht nur sein Volk von der medischen Fremdherrschaft befreite, sondern,

so erzählt es das Alte Testament, das ihn als Kores bezeichnet, weil er im Zuge der Eroberung Babylons 529 v. Chr. auch das Volk Israel aus der Gefangenschaft führte. Der gegen Mitte des 17. Jahrhunderts verbreiteten Vorliebe für amouröse Sujets folgen die Schäfer- bzw. Hirtenidylen des Jakob Willemsz. de Wet (um 1610-1671) und Lambert Doomer (1624-1700), zwei weiterer Meister des Rembrandt-Kreises. Höfisch-galant und unter Einbeziehung der literarischen Vorlage, Pieter Corneliszoon Hoofts Schäferspiel „Granida" (1605), wird sich des Gegenstandes in De Wets „Granida und Daifilo" angenommen, ohne diese und wesentlich ungeschmink-

ter in dem gemeinsam Flöte spielenden „Hirtenpaar" bei Doomer. Genauer gesagt, hat sie der Kavalier dem Mädchen in den Mund geschoben, während er darauf spielt, womit Doomer eine volkstümliche Metapher für die Liebe verwendete.

Seit der Antike zu den Attributen des Hirtenlebens gehörend, kommt der Flöte in der niederländischen Volksdichtung des 17. Jahrhunderts die Bedeutung zu, Phallussymbol zu sein. Um ein weiteres Beispiel zu nennen, verweist der Ziegenbock links unmissverständlich auf die erotische Beziehung des Paares. Er steht, da er sich auch mit anderen Tierarten paart, für die unreine Liebe, die durch das Schaf an seiner Seite sinnfällig zum Ausdruck kommt.

David Bailly:
Bildnis eines jungen Mannes
LMO 15.641

Nicht unter die vom Calvinismus gegeißelten Bildthemen fiel naturgemäß die Porträtmalerei, die neben den Landschaften den größten Anteil an der niederländischen Bildproduktion ausmachte. Sie ist in der Sammlung u.a. durch Michiel Jansz. van Miereveld, David Bailly, Jan Lievens, Nicolaes Eliasz. Pickenoy (auch Nicolaes Elias) und Cornelis Janssens van Ceulen (eig. Johnson) vertreten.
Erfahrungen aus der sich vorwiegend mit Namen wie Gerard Dou und Frans van Mieris d.Ä. verbindenden Leidener Feinmalerei spiegelt das kleine „Bildnis eines jungen Mannes" von David Bailly (1584-1657) wider. Nur wenige Werke dieses in Leiden beheimateten Stillebenspezialisten

und Porträtisten sind bekannt, der in dem winzigen Ausschnitt des Bildes jedes Detail – ob Locken, Spitzenkragen oder goldene Knopfreihen – mit demselben hohen Anspruch minutiöser Wiedergabe behandelt. Der Reiz der Bildes besteht aber mindestens ebenso in den raffinierten Trompe-l´oeil-Effekten, mit denen er das Auge des Betrachters irreführt. Durch den naturalistisch gemalten ovalen Rahmen, dessen Innenkante links verschattet und rechts im Licht erscheint, ruft der Maler die Illusion einer tatsächlichen Bildrahmung hervor. Und als wäre das nicht genug, setzt er die Augentäuschung am unteren „Rahmenrand" durch die Imitation eines Stück überhängenden Stoffes vom Rock des Porträtierten fort.

Eine andere Aufgabe stellte sich dem Amsterdamer Bildnismaler Nicolaes Eliasz. Pickenoy (1588-1650/56) in dem großen Kniestück eines „bärtigen Mannes mit Halskrause". Um der imposanten Erscheinung der recht beleibten Person genüge zu tun, nutzte der Künstler die Tiefe des Bildraumes, die er mit Hilfe eines schräg darin an-

Nicolaes Eliasz. Pickenoy:
Bildnis eines bärtigen Mannes
mit Halskrause
LMO 7.412

geordneten Stuhles steigerte. Ihr Körper, der insbesondere die eine Diagonale beschreibenden Hände sowie der gegen den Körper gedrehte Kopf Nachdruck verleihen, scheint bedingt durch die raumgreifende Pose in Bewegung versetzt.

Französische Malerei des 17. und 18. Jahrhunderts

Wie im 17. Jahrhundert auf allen Gebieten der französischen Kunst findet auch in der Malerei eine Auseinandersetzung zwischen barocken und klassischen Tendenzen statt, wovon eine kleine, aber qualitätvolle Gruppe religiöser und mythologischer Historien von Pierre Mignard, Laurent de La Hyre, Bartholomet Flémale und dem Poussin-Schüler Jacques Stella sowie, als herausragendstes Werk, eine „Italienische Flusslandschaft" von Gaspard Dughet einen guten Eindruck verschaffen.

Ihren Vorbildern Nicolas Poussin und Claude Lorrain gleich haben Mignard und Stella lange Zeit in Rom verbracht, Dughet sogar sein ganzes Leben. Bei aller Verschiedenheit der sich in ihren Werken niederschlagenden italienisch-römischen Schulung eint sie doch der strenge ordnende klassische Geist der Komposition, ob diese nun als Figurenstücke oder als Landschaftsbilder ausgewiesen sind. Mignard (1612-1695), auch genannt Mignard le Romain, anverwandelte in dem Gemälde „Moses errichtet die eherne Schlange" eine bei Poussin vorgefundene Behandlung des alttestamentarischen Stoffes (4. Mos. 21,6-9). Moses als antikisch gewandte Rückenfigur im Bildzentrum weist das von tödlicher Plage (feurige Schlangen) heimgesuchte Volk Isreal mit ausgestrecktem Arm an, auf die eherne Schlange zu sehen, um vor dem Tod gerettet zu werden. Barockes Pathos in

Pierre Mignard:
*Moses errichtet
die eherne Schlange*
LMO 15.606

Gaspard Dughet:
Italienische Flusslandschaft
LMO 15.608

den Gesten und ein klassisches Figurenideal verbinden sich zu einer Komposition,
die ein absolutes Gleichgewicht der Bildteile bestimmt.

Von einer Harmonie in der Bildgestaltung
getragen ist auch Gaspard Dughets (1613-
1675) „Italienische Flusslandschaft". Dughet zählt neben seinem Schwager Nicolas Poussin, bei dem er lernte, und Claude
Lorrain zu den drei bedeutendsten französischen Landschaftern, die eine klassisch-

idealisierte Natursicht vertraten. Sie strebten in Ausschnitten einer mediteranen Bildwelt – anders als ihre niederländischen Künstlerkollegen – nicht nach einer objektiven Naturwiedergabe. Auch beabsichtigten sie im Gegensatz zu den niederländischen „Italianisanten" nicht, ein pittoreskes Italien zu illustrieren, sondern, wie bei Dughet, durch Aufnahme antiker Architekturmotive und entsprechend gekleideter Staffagefiguren ein mythisches Arkadien heraufzubeschwören. In hohem Maß von der französischen Landschaftsmalerei beeinflusst war übrigens der in Utrecht geborene Johannes Glauber (1650-1726). Von 1671/72 an bereiste er zehn Jahre lang Frankreich und Italien. Vor allem Dughet übte auf Glaubers Werk nach der Rückkehr des Niederländers aus Rom eine nachhaltige Wirkung aus. In der „Arkadischen Landschaft mit Krug tragender Frau" (Figur vermutlich von Gerard de Lairesse) erkennt man unschwer, wie sehr die idealisierte Sicht der französischen Landschafter auf den Niederländer eingewirkt hat.

Johannes Glauber:
Arkadische Landschaft mit
krugtragender Frau
LMO 15.689

Eine Verschmelzung dieser Auffassung mit italienischen Elementen kennzeichnet ein Jahrhundert später die „Südliche Küstenlandschaft" von Claude Joseph Vernet (1714-1789), deren warmes frühes Abendlicht mit den in ihm zerfließenden Umrissen der Bildmotive im Mittel- und Hintergrund die Lichtstimmung vergleichbarer Lorrainscher Hafen- und Küstenansichten einfängt. Nach seiner Rückkehr aus Italien, wo er zwanzig Jahre mit Ausnahme einer Reise nach Neapel in Rom verbrachte, malte er weiterhin südliche Landschaften, insbesondere – wie hier – Hafenbilder mit antiken Ruinen. Darüber hinaus schuf er Nachtstücke und Schiffbrüche, aber auch an die Umgebung Roms und Tivolis erinnernde Fantasie- und Berglandschaften sowie topographische Schilderungen von Neapel, Rom, Tivoli und von Frankreich. Während er in seinen reinen Landschaften noch die Tradition

Claude Joseph Vernet:
Südliche Küstenlandschaft
LMO 15.611

von Dughet und Salvator Rosa fortsetzt, basieren seine südlichen Küstenszenen im wesentlichen auf vergleichbaren Ansichten bei Lorrain, namentlich in der Wiedergabe des warmen stimmungsvollen Sonnenlichts und dem Gefühl für die Weite des Raumes.

Den Übergang vom 18. zum 19. Jahrhundert markiert für die französische Malerei bereits die einem kühlen Revolutions-Klassizismus angehörende „Allegorie auf Krieg und Frieden", die nach heutigen Erkenntnissen wohl eher Charles Meynier (1768-1832) als dem älteren François Guillaume Ménageot zugeschrieben wird. Zwei weibliche Personifikationen thronen in gegenseitiger Umarmung auf dem Altar des Vaterlandes. Beide wenden sich dem von links herangetretenen Frieden in Gestalt des Gottes Apoll zu, aber nur die linke Frauenfigur, aufgrund der blau-weiß-roten Gewandung als Frankreich anzusprechen, krönt ihn mit dem Lorbeerkranz. Eine solche Gleichsetzung Apolls erwächst aus seiner ihm zugesprochenen Eigenschaft als Garant sittlicher Ordnung und des edlen Maßes, als der er auch als

Gott der Künste, der Musik und als Musenführer verehrt wird, worauf die halbverdeckte Leier neben dem Altar anspielt. Hinter ihm hantieren Putten mit Legionszeichen und schreiben Ruhmestaten für das Buch der Geschichte nieder. Apoll gegenüber stehen Mars und Pallas Athene, überragt von einigen an einer Palme hängenden Trophäen. Der Krieg als mehrköpfiges Ungetier liegt besiegt am Boden. Die dargestellte Szene lässt sich nicht mit letzter Bestimmtheit deuten, doch scheint

*Charles Meynier:
Allegorie auf Krieg und
Frieden, kurz nach 1800
LMO 15.725*

sie Bezug zu nehmen auf die wenigen Friedensjahre (1802-1805), die Frankreich unter der Führung Napoleons erlebte, nachdem das Land seine äußeren Feinde bezwungen hatte.

Malerei deutschsprachiger Künstler des 17. und 18. Jahrhunderts

Als Folge des Dreißigjährigen Krieges (1618-1648) war es in Deutschland während der ersten Hälfte des 17. Jahrhunderts auf allen Gebieten zu einem Erlahmen der Kunst gekommen. Die Maler zog es größtenteils ins Ausland, weil Aufträge von Adel und Geistlichkeit hierzulande ausblieben. In der zweiten Hälfte erscheint das Bild der deutschen Barockmalerei überaus disparat, was auf die Vielfalt von Einflüssen der nach den Kriegsereignissen zurückkehrenden Künstler zurückzuführen ist. Nicht wenige blieben aber auch dort, wo sie ihre neue künstlerische Heimat gefunden hatten, zumeist in Italien oder den Niederlanden. Ein Reflex von alldem liefert die Oldenburger Sammlung mit Werken von Johannes Lingelbach, Johann Liss, Jürgen Ovens, Nikolaus Knüpfer, Christoph Paudiss, Johann Heinrich Schönfeld, Johann Heinrich Roos, Christian Wolfgang Heimbach, Carl Borromäus Andreas Ruthart. Hatten Schönfeld, Ruthart und Roos ihre entscheidenden künstlerischen Impulse in Italien empfangen, so sieht man den Arbeiten der Übrigen die Schulung an vorwiegend flämischen oder niederländischen Vorbildern an, etwa bei Knüpfer, der sich anfangs am Utrechter Caravaggismus orientierte.

Johann Heinrich Schönfeld:
Rebekka und Elisier, um 1670
LMO 10.639

Einer der Exilanten war Johann Heinrich Schönfeld (1609-1684). Der in Biberach a.d. Riß geborene Künstler hatte sich nach 18-jährigem Italienaufenthalt in Rom, Neapel und Venedig bald nach Friedensschluss in Augsburg niedergelassen, wo er als wohl bedeutendster deutscher Maler seiner Zeit bis zu seinem Tode arbeitete. In einem sehr persönlich Stil von malerischer Eleganz und koloristischer Zartheit übermittelte er dem süddeutschen Raum die Formen des italienischen Barock. Ob in dem „Kranken Königssohn" oder in der „Begegnung von Rebekka und Elisier", in beiden signierten Stücken fallen sofort die graziöse Haltung der feingliedrigen Figuren, die weichen fließenden Formen und die leichte, duftige Malweise auf, in der die Spontanität eines Entwurfs anklingt. Dennoch handelt es sich um fertig ausgeführte Arbeiten. In ihnen wechseln lichterfüllte Partien, die im Inkarnat von Händen und Gesichtern fast weiß erstrahlen, mit tiefen Schattenpartien ab. Das „Sfumato" der Farben, das Umriss und Form verschwimmen lässt, die häufig blassen (silbriggrau, schwarz, fahlgrün), nur selten von Farbakzenten durchsetzten Töne und die anmutigen Gestalten, die bei „Rebekka und Elisier" aufeinander zuzuschweben scheinen, verleihen den Bildern einen immateriellen Charakter, der bereits etwas von der Leichtigkeit des Spätbarock und des Rokoko vorwegnimmt. Aber auch in dem ihnen eigenen Ausdruck sentimentaler Entrückung, der zunehmend für das Spätwerk von Schönfeld bezeichnend ist, greifen sie auf Entwicklungen des 18. Jahrhunderts in der Malerei voraus.

Früher als Schönfeld hatte der aus dem Oldenburger Land nördlich von Lübeck stammende Johann Liss (um 1597-1629/30) Deutschland verlassen. Er gilt neben Adam Elsheimer als namhaftester deutscher Maler des Frühbarock. Nach Aufenthalten in den Niederlanden und vermutlich auch Antwerpen (ca. 1615-19), zog es ihn via Paris nach Venedig und Rom, wo er Mitglied der gerade erst gegründeten Schilderbent (siehe S. 70) wurde, um gegen 1625/26 in die Lagunenstadt zurückzukehren. Bemerkenswert ist die ungewöhnliche Entwicklung, die seine Kunst in dem kurzen schöpferischen Zeitraum von nur fünfzehn Jahren genommen hat. Nach einer Phase des Rezipierens – niederländischer Einflüsse aus Haarlem und des caravaggesken Frühwerks von Jacob Jordaens – begann er in Italien unter dem Eindruck von Domenico Fetti in Venedig und Caravaggio in Rom effektvoll inszenierte Kompositionen von subtiler Leucht-

kraft und Farbigkeit und von hohem malerischen Feingefühl zu schaffen, die ihrer
Zeit weit voraus waren. Mit ihnen schien
Liss bereits das venezianische Settecento
(18. Jahrhundert) anzukündigen. Tatsächlich empfingen Piazetta und Tiepolo von
ihm wichtige Anregungen. Außer religiösen und mythologischen Themen widmete
er sich häufig der mit der „Bauernhoch-
zeit" berührten Bildgattung des Gesell-
schaftsstückes. Sicher wurde er darin von
niederländisch-flämischen Vorbildern ge-
leitet, die bis auf Pieter Brueghel d.Ä.
zurückgehen. Unter musikalischer Beglei-
tung eines Dudelsack- und eines Flöten-
spielers führt das Brautpaar den Hoch-
zeitszug an, dicht gefolgt von den
Braut eltern und weiteren Teilnehmern. Ein
Betrunkener entleert sich und wird dabei
von einer Frau gestützt. Es sind derbe Gestalten von kräftigem Wuchs, so dass sich
ein größerer Gegensatz zu Schönfelds
edlen und fragilen Geschöpfen kaum vor-
stellen lässt. Liss´ Figurenideal verweist
auf Elemente der flämischen Malerei und
dort vor allem auf Jordaens, nicht aber in
der kontrastreichen Farbigkeit aus kräftigem Zinnober, vor allem im Gewand des
Brautvaters im Zentrum, und Schwarz so-

Christian Wilhelm Heimbach: *Abendliche Unterhaltung am Kamin*, 1675
LMO 12.300

wie Grün als Komplementärton. Hier bleibt Liss eigenständig. Das Bild entstand vermutlich in seiner voritalienischen Phase, bevor er vergleichbare Themen durch eine aufgehellte Farbgebung in die Sprache des Südens übersetzte.
Italien und die Niederlande waren auch für die Ausbildung von Christian Wilhelm Heimbach (um 1613 – nach 1678) bestimmend, der die norddeutsche Barockmalerei in der Sammlung repräsentiert. Nur ein Jahr nachdem der in Övelgönne bei Oldenburg geborene Künstler 1652 als Hofmaler in die Dienste des Grafen Anton Günther von Oldenburg getreten war, wechselte er an den verwandtschaftlich verbundenen Hof König Frederiks III. von Dänemark. Seit 1665 wieder in Oldenburg, verbrachte Heimbach danach

die letzten Jahre wahrscheinlich in Münster, wo er die 1675 signierte und datierte „Abendliche Unterhaltung am Kamin" malte, deren unverfänglicher Titel den wahren Bildinhalt vornehm umschreibt. Denn die in strengem Hell-Dunkel gehaltene Darstellung, deren Widerschein des Kaminfeuers sechs Figuren – zwei Paare, einen Diener und eine Magd – mehr oder weniger herausmodelliert, entpuppt sich bei näherem Hinsehen als Bordellszene. Nur vordergründig befindet sich das Paar am Kamin in einem Gespräch. Um eine Dame handelt es sich bei der jungen Frau ganz sicher nicht, denn sie rafft ihr Kleid in ungeziemender Weise. Auch der Galan ihr zur Seite verfolgt eindeutige Absichten. Mit der Feuerzange in seiner Hand, die man gewöhnlich für das Wenden des Brennholzes gebraucht, hält er im übertragenen Sinn das (Liebes-) Feuer in Gang. Das Rauchen, verbildlicht durch eine Tonpfeife, gehört ebenfalls zu den lasterhaften Eigenschaften, weil es u.a. die Sinne vernebelt. Etwas vornehmer scheint es bei dem Paar im Vordergrund zuzugehen. Mit einem glimmenden Holzscheit entzündet die Frau eine Kerze, um – vordergründig – den Brief zu lesen, den ihr der Kavalier überreicht. Doch im Zusammenhang mit dem Blasen kann diese Handlung auch als Zeichen aufflammender Liebe gelesen werden. Auffälligerweise spricht sie der Mann nicht direkt, sondern nur mittelbar über den Brief an, um sein amouröses Anliegen vorzutragen. Bei Heimbach spielte die Verständigung über das geschriebene Wort in vielen seiner Bilder eine wichtige Rolle, da er selbst taubstumm war. Er hat somit aus Sicht der eigenen Lebenssituation heraus seine persönliche Bildsprache in die offizielle, eindeutig niederländisch geprägte Ikonographie einfließen lassen.

Unter den Gemälden deutschsprachiger Künstler des 18. Jahrhunderts, u.a. von Paul Troger, Georg David Mattieu, Johann Georg Pforr, Johann Ludwig Aberli,

Philipp Hieronymus Brinkmann, Johann Heinrich Tischbein und dessen Neffen Johann Heinrich Wilhelm Tischbein, tritt in der „Pilgergesellschaft" des Christian Wilhelm Ernst Dietrich, gen. Dietricy (1712-1774) der Geist des Rokoko am reinsten zutage. Vom französischen „rocaille" (Muschelwerk) abgeleitet, verbindet sich mit dem Begriff eine Stilstufe in der Kunst, die die Endphase des Barock einleitet. Das Schwere, Üppige, Großformatige gerät im Rokoko zum Leichten, Zierlichen und Kleinteiligen. Dementsprechend wandeln sich auch die Themen, für die Dietricys „Pilgergesellschaft" als typisches Beispiel

gelten kann. Signiert und 1738 datiert, handelt es sich um ein Frühwerk des seit 1742 in Diensten des Dresdener Hofes stehenden Künstlers. Es gehört zu den allgemein als „fêtes galantes" bezeichneten Stücken, in denen das freizügig Ungezwungene höfisches Zeremoniell und barockes Pathos abgelöst hat. Diese „ländlichen Feste" führen vor, wie Adel und vornehmes Bürgertum im Vordergrund einer Parklandschaft ihren, zumeist amourösen Vergnügungen nachgehen. Durch die Gegenwart von Amoretten zeigt Dietricy

Christian Wilhelm Ernst Dietrich, gen. Dietricy: Schäfergesellschaft im Park, 1738
LMO 15.714

aber, dass eine ideale Szenerie gemeint ist. An einem Weiher haben sich drei Paare eingefunden, jeder männliche Begleiter bestückt mit einem Pilgerstab. Vorn ist ein Kavalier vor einer sich noch etwas bedeckt haltenden, auf einer Rasenbank sitzenden Schönen auf die Knie gefallen, um ihr galant seine Aufwartung zu machen. Der Erfolg ist ihm auf jeden Fall gewiss, denn eine Amorette (oder Amor) neben der Frau erhebt triumphierend einen Liebespfeil. Die Mittelfigur eines zweiten Kavaliers, dessen Umhang eine Jakobsmuschel zum Zeichen des Pilgers ziert, erweist sich als eine fast wörtliche Anleihe aus Jean-Antoine Watteaus „Einschiffung nach Cythera" (Frankfurt, Städelsches Kunstinstitut); ebenso die erwähnte Dame, die einer Rötelzeichnung des Franzosen (Dresden, Kupferstichkabinett, Inv. Nr. L.1647) abgesehen ist, in der aber auch beide Kavaliere vorgebildet erscheinen. Nicht nur hinsichtlich der Figuren, auch insgesamt kann das Bild Dietricys als aussagekräftiges Zeugnis für die Watteau-Rezeption in Deutschland gelten.

Als ein Aushängeschild des Landesmuseums gilt nach wie vor die umfangreiche Tischbein-Sammlung. Die weitverzweigte Malerdynastie ist mit Porträts und kleineren Historien ihres bedeutendsten Mitglieds, des am Hofe des hessischen Landgrafen Wilhelm VIII. wirkenden Johann Heinrich Tischbein d.Ä. (1722-1789) genauso vertreten wie mit Werken seines Bruders Anton Wilhelm sowie seines Neffen Johann Friedrich August und des 1808 zum Hofmaler des Oldenburger Herzogs Peter Friedrich Ludwig ernannten Johann Heinrich Wilhelm (der sog. „Goethe-Tischbein"). Dessen besondere Rolle besteht vor allem in dem wichtigen Anteil, den er an der Vermittlung des Klassizismus in der deutschen Malerei geleistet hat. Etwa 70 Ölbilder von ihm befinden sich größtenteils in den historischen Festsälen des Schlosses, so der „Idyllenzyklus", „Hektors Abschied von Andromache" und

Johann Heinrich Tischbein d.Ä.:
Selbstbildnis, um 1760
LMO 15.719

die gewaltige Tugendallegorie „Des Mannes Stärke", für die sie auch geschaffen worden waren.

Den Weg zum Klassizismus hatte bereits sein künstlerisch einflussreicherer und bei Carl van Loo in Paris sowie bei Piazetta in Venedig ausgebildeter Onkel Johann Heinrich, zur besseren Unterscheidung auch der „Kasseler Tischbein" genannt, in seinen späten Werken geebnet. Sein 1774 gemaltes Historiengemälde „Antonius und Kleopatra" belegt dies eindeutig. Trotz der spätbarocken Dramatik, die sich in Gestik und Mimik beider Protagonisten sowie dem bewegten Faltenspiel formal widerspiegelt, spricht aus den scharf geschnittenen Gesichtern bereits ein klassisches Formideal. Nicht ohne Grund hat Tischbein die ptolemäische Königin ins Profil gewendet, akzentuiert es ihre klassische Stirn- und Nasenpartie doch umso nachhaltiger. Das ausführlich bei Plutarch beschriebene Liebesverhältnis zwischen der Ägypterin und dem Römer nähert sich im Bild ihrem tragischen Ende. Nach der Einnahme Alexandrias durch seinen Widersacher Octavian (30 v. Chr.) hat sich Antonuis in der fatalen Annahme, Kleopatra habe ihn und seine Liebe verraten,

ins Schwert gestürzt. Im nahenden Tod ist sie bei ihm und ergreift, von tiefem Schmerz bewegt, seine Hand. Auch sie wird danach den Freitod wählen, worauf das Schlangenmotiv des Thimiatherions links im Vordergrund vorausweist, ein in diesem Zusammenhang von Tischbein wiederholt verwendetes Requisit. Bekanntlich setzte Kleopatra ihrem Leben durch Schlangenbiss ein Ende. Seit 1767 hat Tischbein das Thema innerhalb der folgenden zehn Jahre mehrfach in voneinander abweichenden Fassungen wiederholt. Während sich in seinen ersten Bildinterpretationen noch die Haltung des Rokoko durchsetzt, ist den späteren schon der klassizistische Geist anzusehen, der sich aber erst anfangs des kommenden, 19. Jahrhunderts international voll entwickeln sollte.

Dr. Axel Heinrich

Letzte Neuerwerbung

für die Galerie Alte Meister
im Frühjahr 2002

Erasmus Quellinus d.J.:
Maria Immaculata, 1650/60
LMO 26.087

Kataloge des Landesmuseums
Auswahl

In der Reihe Kataloge des Landesmuseums Oldenburg sind bislang erschienen:

Fayencen
Die Fayence- und Majolika-
sammlung des Landesmuseums
für Kunst und Kulturgeschichte
Oldenburg. Bestandskatalog
bearbeitet von Herbert Kurz.
Oldenburg 1998

Oldenburg – Kulturgeschichte einer historischen Landschaft
Herausgegeben von Siglinde
Killisch, Siegfried Müller,
Michael Reinbold.
Oldenburg 1998

Theodor Presuhn der Ältere (1810–1877)
Bühnenprospekte, Landschafts-
bilder, Veduten, Interieurs.
Von Herbert Kurz.
Oldenburg 1998

›Es ist nichts, nur Papier, und doch ist es die ganze Welt‹ (Peter Høeg)
Papiertheater aus der
Sammlung Helge Schenstrøm.
Herausgegeben von
Doris Weiler-Streichsbier.
Oldenburg 1998 (vergriffen)

Honoré Daumier (1808–1879)
Pastorales – Ländliche Idylle.
Bildsatire aus dem Charivari.
Von Susanne Bosch-Abele.
Oldenburg 1998

Georg Müller vom Siel (1865–1939)
Mit Beiträgen von
Bernd Küster, Herbert Kurz,
Ingo Harms und einem
Werkverzeichnis der Druck-
grafik von Herbert Kurz.
Oldenburg 1999

Arkadien ist überall
Das antike Ideal in der
angewandten Kunst seit 1500.
Von Michael Reinbold.
Oldenburg 1999

Sammler und Mäzen
Bestände aus Privatbesitz im
Landesmuseum Oldenburg.
Mit Beiträgen von Petra Kemm-
ler, Siglinde Killisch, Silke C.
Köhn, Bernd Küster, Wiebke
Lorch, Reiner Meyer,
Siegfried Müller, Michael
Reinbold und Doris
Weiler-Streichsbier.
Oldenburg 1999

Sehnsucht nach dem Süden
Oldenburger Maler sehen Italien
Mit Beiträgen von Siegfried
Müller, Jörg Deuter, Silke
Liesenfeld und Oliver Gradel.
Oldenburg 2000

**Marie Stein-Ranke
(1873–1964)**
Eine Porträtistin um 1900
Von Silke Köhn.
Oldenburg 2000

Carl Friedrich Lessing
Romantiker und Rebell
Von Martina Sitt. Mit Beiträgen
von Otto Baur, Edgar Bierende,
William Gerdts, Hans Körner,
Bernd Küster, Vera Leuschner
und Silvia Neysters.
Bremen 2000

Hans Pluquet 1903–1981
Von Reiner Meyer.
Mit einem Beitrag von
Bettina Köhler und einem
Vorwort von Bernd Küster.
Bremen 2001

**Johann Heinrich Wilhelm
Tischbein als Sammler**
Europäische Kunst 1500–1800
Von Jörg Deuter.
Oldenburg 2001

**Historismus in
Nordwestdeutschland**
Hrsg. Landesmuseum für Kunst
und Kulturgeschichte Oldenburg,
Ostfriesisches Landesmuseum,
Emder Rüstkammer, Schloss-
museum Jever, Museumsdorf
Cloppenburg, Palais Rastede.
Oldenburg 2001

Leo von König (1871–1944)
Maler der Berliner Secession
Von Bernd Küster.
Mit einem Beitrag von
Alexandra Bechter.
Bremen 2001

**Katzen, Käuze,
kleine Katastrophen**
Cartoons & Collagen
von Harry Mink.
Hrsg. Bernd Küster,
Gifkendorf 2002

Ludwig Knaus –
Der Zeichner
Von Bernd Küster.
Gifkendorf 2001

Carl Bantzer –
Aufbruch und Tradition
Hrsg. Bernd Küster,
Jürgen Wittstock.
Bremen 2002

Fritz und Hermine Overbeck
Ein Worpsweder
Künstlerpaar
Von Bernd Küster
und Ewald Gäßler.
Oldenburg 2002

Fritz Peyer – Fotografien
Hrsg. Bernd Küster,
Bremen 2002

Künstlerporträts
Fotografien von
Barbara Klemm mit Texten
von Doris Weiler-Streichsbier
und Ezzelino von Wedel
Hrsg. Landesmuseum für
Kunst und Kulturgeschichte,
Oldenburg 2002

Kleider machen Politik
Zur Präsentation von
Nationalstaat und Politik
durch Kleidung in Europa vom
18. bis zum 20. Jahrhundert.
Mit Beiträgen von Karen
Ellwanger, Almut Junker,
Sieglinde Killisch, Siegfried
Müller, Dagmar Neuland-
Kitzerow, Michael Reinbold
und Birgit Thiemann.
Oldenburg 2002

Hohlköpfe, Nagelköpfe,
Charakterköpfe
Informationen für Kinder und
Jugendliche, Erzieher und Lehrer
zu Plastiken und Skulpturen im
Landesmuseum für Kunst und
Kulturgeschichte Oldenburg mit
Texten von Doris Weiler-Streichs-
bier und Doris Korte.
Hrsg. Landesmuseum für
Kunst und Kulturgeschichte.
Oldenburg 2002

Ebenfalls in dieser Reihe
für das Landesmuseum für Kunst
und Kulturgeschichte Oldenburg
erschienen:

Band 7

MUSEEN IM NORDWESTEN

DAS PRINZENPALAIS

ISBN: 3-89995-026-7
Isensee Verlag Oldenburg